काका की चौपाल

डायमंड पाकेट बुक्स, नई दिल्ली

काका की चौपाल

काका हाथरसी

डायमंड बुक्स

प्रकाशक : डायमंड पॉकेट बुक्स (प्रा.) लि.
X-30 ओखला इंडस्ट्रियल एरिया, फेज-II
नई दिल्ली - 110 020
फोन : 011- 40712200
ई-मेल : wecare@diamondbooks.in
वेबसाइट : www.diamondbooks.in
संस्करण : 2025
मुद्रक : रेप्रो (इंडिया)

Kaka Ki Choupal
By : Kaka Hathrasi

चौपाल की चोंच

प्रिय पाठक मित्र, कभी-कभी ऐसे प्रश्न सामने आ जाते हैं कि जिनके उत्तर धीर-गंभीर शब्दों में दिए जाएँ तो कुतर्कियों के तर्क-वितर्कों द्वारा बेचारे उत्तर छिन्न-भिन्न होकर उत्तराखंड की ओर भागकर संन्यास ले लेते हैं। इसलिए हमने प्रत्येक प्रश्न का उत्तर देने के लिए हास्य-व्यंग्य का सहारा लिया। किसी ने प्रश्न किया, उत्तर कविता में दे दिया। जब बहुत से प्रश्नोत्तर इकट्ठे हो गए तो काका विचार सागर में खो गए।

काकी से पूछा– क्या करें इस गट्ठर का? कहने लगीं– रक्खा रहने दो, रद्दी खरीदनेवाला आएगा, उसे बेच दूँगी। हमने कहा– धन्य हो देवी, क्या मस्तिष्क पाया है तुमने। भारत सरकार को चाहिए कि तुमको 'बचत योजना' विभाग की मम्मी बना दे। अच्छा यह बताओ कि इस तथाकथित रद्दी के जो आएँगे पैसे उनका उपयोग करोगी कैसे?

'बच्चों के लिए टॉफी मँगाकर बाँट दूँगी'

'बहुत सुंदर विचार हैं। तुम्हारे हृदय में बच्चों के प्रति जो प्यार भावना है वह तो नेहरूजी से भी अधिक है, उनको नेहरू चाचा के नाम से बच्चे याद करते हैं, तुम टॉफीवाली काकी के नाम से प्रसिद्धि पाओगी, अमर हो जाओगी। लो यह 10 रुपए का नोट, इसकी टॉफियाँ मँगाकर बाँट देना, मन में समझ लेना कि तुमने रद्दी बेच दी। जिसे तुम रद्दी समझ रही हो उसे हम अपनी कला द्वारा नोटों की गड्डी में बदल देंगे।' वे चली गईं मुँह मटकाकर, हम उठे एक झटका मारकर।

सभी प्रश्नोत्तरों के कागजों को इकट्ठा किया, उनमें हास्य के कुछ

और इंजेक्शन लगाए एवं अपनी 28 वीं पुस्तक 'भोगा एंड योगा' के बाद जो छोटी-बड़ी कविताएँ तैयार हुई थीं वे भी इसमें चिपकाई और सजा-धजाकर पांडुलिपि तैयार करके श्रीमतीजी को दिखाई, तो वे ऐसे मुसकाईं जैसे हरियाणा के चुनाव परिणाम देखकर चौधरी चरणसिंह और हिमाचल के परिणामों पर अटलजी प्रसन्न हुए थे।

प्रस्तुत पुस्तक में बहुत से ऐसे प्रश्नोत्तर भी हैं जो कालांतर में 'दीवाना' में प्रकाशित हो चुके हैं और दीवाना के पाठकों को दीवाना बना चुके हैं। इसके संपादक श्री विश्वबंधु जी ने भी कह दिया कि इनको पुस्तकाकार देकर छपा लीजिए और विश्व में फैला दीजिए।

सबसे पहले तो अपनी भारत भूमि पर इनका प्रसारण कर रहे हैं। इसके बाद हमारी अन्य पुस्तकों की भाँति यह 'काका की चौपाल' भी रूस, अमेरिका, इंग्लैंड, सिंगापुर, थाइलैंड, फिजी, अफ्रीका आदि देशों में पहुँचकर जन-गण का मनोरंजन करेगी, मानव जाति के संकट हरेगी।

जे.के. प्रतिष्ठान के साहित्य-प्रेमी डाक्टर गौरहरि एवं श्री गोविंदहरि की कृपा से हम प्रति वर्ष 2 महीने मसूरी 'कमला कैसल्स' में अपनी हास्य बैटरी चार्ज करते हैं। वहीं पर एक पुस्तक का जन्म हो जाता है। अतः इस पुण्य कार्य का श्रेय सिंघानियाँ परिवार को अवश्य पहुँचेगा। बस, और अधिक शब्दाडंबर द्वारा आपको नहीं करेंगे बोर, चलिए चौपाल की ओर।

काका हाथरसी

प्रसाद गुण

प्रसादे सर्वदु:खानां, हानिरस्योपजायते
प्रसन्नचेतसो ह्याशु बुद्धिः पर्यवतिष्ठते
–गीता 2.65

भगवान श्रीकृष्ण कहते हैं : प्रसाद (प्रसन्न रहना) गुण धारण करने पर अर्थात् चित्त को निर्मल एवं प्रसन्न रखने से समस्त मानसिक क्लेशों की निवृत्ति हो जाती है क्योंकि जिनका मन प्रसन्न रहता है, उनकी बुद्धि स्थिर हो जाती है।

हास्याष्टक

'काका' से कहने लगे, शिवानंद आचार्य
रोना-धोना पाप है, हास्य पुण्य का कार्य
हास्य पुण्य का कार्य, उदासी दूर भगाओ
रोग-शोक हों दूर, हास्यरस पियो-पिलाओ
क्षणभंगुर मानव जीवन, मस्ती से काटो
मनहूसों से बचो, हास्य का हलवा चाटो
आमंत्रित हैं, सब बूढ़े-बच्चे, नर-नारी
'काका की चौपाल' प्रतीक्षा करे तुम्हारी
–काका

गोष्ठी-एक

कविवर किलोलजी ने किया प्रवेश, मारकर एक ठहाका, 'नमस्कार काका।'

'आओ बेटा किलोल, कहाँ रहे इतने दिन? मसूरी योगाश्रम कांड के बाद आज दर्शन हुए हैं तुम्हारे। बहुत हल्के हो गए हो, शक्ल-सूरत एकदम बदल गई है, चुनाव में पराजित नेता की भांति तोंद भी पिचक गई है।'

'क्या बताऊँ काकू, भयंकर संकटों को पार करके यह काया बचाई है, एक ज्योतिषी ने शनि की दशा बताई है। जबसे हमारा आपका बिछोह हुआ है, एक के बाद एक मुसीबत आटोमेटिक आती रही है। अभी कुछ दिनों की बात है, बदायूँ में एक कवि सम्मेलन हुआ था आपने सुना ही होगा, उसमें कवियों की बुरी तरह पिटाई हुई। कोई जूते छोड़कर भागा, कोई बैग, किसी की चादर छूट गई, किसी की खोपड़ी फूट गई।'

'तुम्हारी खोपड़ी तो राजी-खुशी है, तुम कैसे फँस गए उसमें?'

'दुर्भाग्य से एक पत्र आ गया था हमारे पास भी। अपने राम तो बहुत दिनों से कवि सम्मेलन के भूखे बैठे थे, पत्र का उत्तर दिए बिना ही चल दिए बदायूँ। वहाँ कवियों की काफी भीड़ थी, जब 8-10 कवि कविता पाठ कर चुके तो आधी रात्रि के बाद एक राज्य मंत्रीजी पधारे। उनके आने पर एक कवयित्री तथा 2-3 कवियों ने राजनेताओं के प्रति कुछ अशिष्ट शब्दों का प्रयोग कर डाला। मंत्रीजी क्रुद्ध होकर मंच से उठकर चल दिए, तब श्रोताओं में से कुछ जोशीले जवान मंच पर पहुँच गए और कवियों की धुनाई कर दी शुरू।'

'तुम पिटे कि नहीं गुरू?'

'हाँ जी, हल्की-सी धौल-धप्प हमारी भी हो गई थी, बस पाँच-छः धौल, तीन चार धक्के। अच्छा हुआ आप नहीं गए उस सम्मेलन में।'

'तुमको मालूम नहीं किलोल, हमने तो अब कवि सम्मेलनों में जाना बहुत ही कम कर दिया है। महीने में 15-20 निमंत्रण आते हैं, उनमें से बस एक या दो ही स्वीकार करते हैं, शेष पत्रों के उत्तर में यह छक्का लिखकर भेज देते हैं–

मिला निमंत्रण आपका, धन्यवाद श्रीमान
किंतु हमारे हाल पर, तनिक दीजिए ध्यान
तनिक दीजिए ध्यान, हुक्म काकी का ऐसा
बहुत कर चुके प्राप्त, प्रतिष्ठा-पदवी-पैसा
खबरदार अब कवि सम्मेलन में मत जाओ
लिखो पुस्तकें हास्य व्यंग्य के फूल खिलाओ

फिर भी कोई-कोई संयोजक हाथरस आकर अड़ जाता है, तो जाना पड़ जाता है। सोच रहे हैं अगले वर्ष से घोषणा कर दें कि–

अब कवि सम्मेलनों से लेते हैं संन्यास
फाड़ देंय वह निमंत्रण, जो आएगा पास

'लेकिन काका जी, सोच समझकर घोषणा करना संन्यास की। कहीं चरणसिंह जैसा आचरण मत करना कि संन्यास के न्यास को तोड़कर फिर कूद पड़े राजनीति में।'

'इसीलिए अभी जल्दी नहीं कर रहे हैं। अच्छा यह बताओ कि अब प्रोग्राम क्या है तुम्हारा?'

'काका, अभी तक बैठा हूँ कुँवारा। किसी तरह शादी का प्रोग्राम बन जाए आपके द्वारा तो धन्य हो जाऊँगा। जीवन-भर आपकी सेवा करूँगा?'

'हमारी सेवा करेगा या अपनी किल्लोलिनी की?'

'आपकी सेवा दिन में करूँगा, है कोई कन्या मेरे लायक?'

'तेरे लायक तो 'टुनटुन' टाइप की लड़की ढूँढ़नी पड़ेगी बेटा।'

'कैसी भी सही काका? ज़्यादा उम्र बढ़ गई तो फिर कोई लड़कीवाला घास नहीं डालेगा।'

'कितनी उम्र हो गई अब तुम्हारी?'

'उम्र तो ज़्यादा नहीं है लेकिन मेरे डील-डौल को देखकर लड़कियाँ बिदक जाती हैं।'

'तो कुछ दिनों डाइटिंग कर लो! चावल-मक्खन, दूध, मलाई मत खाओ भाई।'

'नहीं-नहीं काकू, मुझसे यह अशुभ काम नहीं हो सकता। मेरे गुरुजी ने तो यह पाठ पढ़ाया था–

भोजनं कुरूदुर्बुद्ध ना शरीरे दयां कुरु
परान्नं दुर्लभं लोके, शरीराणि पुनः पुनः

अर्थात्– अरे मूर्ख, जितना भी कर सके भोजन कर इस नाशवान शरीर पर दया मत कर, क्योंकि यह शरीर तो अनेक जन्मों में बारंबार मिलता रहेगा लेकिन पराया अन्न इस संसार में तो बड़े भाग्य से मिलता है।

'इसीलिए काका, मैं तो जहाँ भी जाता हूँ, खूब खाता हूँ।'

'खूब खाओ, लेकिन अखाद्य मत खाओ।'

'अखाद्य?'
'हाँ-हाँ, खाने के अनेक प्रकार हैं। सुनो–

कौन क्या-क्या खाता है?

खान–पान की कृपा से, तोंद हो गई गोल,
रोगी खाते औषधी, लड्डू खाएँ किलोल।
लड्डू खाएँ किलोल, जपें खाने की माला,
ऊँची रिश्वत खाते, ऊँचे अफसर आला।
दादा टाइप छात्र, मास्टरों का सर खाते,
लेखक की रायल्टी, चतुर पब्लिशर खाते।

दर्प खाय इंसान को, खाय सर्प को मोर,
हवा जेल की खा रहे, कातिल-डाकू-चोर।
कातिल-डाकू-चोर, ब्लैक खाएँ भ्रष्टाजी,
बैंक-बौहरे-वणिक, ब्याज खाने में राजी।
दीन-दुखी-दुर्बल, बेचारे ग़म खाते हैं,
न्यायालय में बेईमान कसम खाते हैं।

सास खा रही बहू को, घास खा रही गाय,
चली बिलाई हज्ज को, नौ सौ चूहे खाय।
नौ सौ चूहे खाय, मार अपराधी खाएँ,
पिटते-पिटते कोतवाल की हा-हा खाएँ।
उत्पाती बच्चे, चच्चे के थप्पड़ खाते,
छेड़छाड़ में नकली मजनूँ, चप्पल खाते।

सूरदास जी मार्ग में, ठोकर-टक्कर खायं,.
राजीव जी के सामने मंत्री चक्कर खायं।
मंत्री चक्कर खायं, टिकिट तिकड़म से लाएँ,
एलेक्शन में हार जायं तो मुँह की खाएँ।
जीजाजी खाते देखे साली की गाली,
पति के कान खा रही झगड़ालू घरवाली।

मंदिर जाकर भक्तगण खाते प्रभू प्रसाद,
चुगली खाकर आ रहा चुगलखोर को स्वाद।
चुगलखोर को स्वाद, देंय साहब परमीशन,
कन्ट्रैक्टर से इंजीनियर जी खायं कमीशन।
अनुभवहीन व्यक्ति दर-दर की ठोकर खाते,
बच्चों की फटकारें, बूढ़े होकर खाते।

दद्दा खाएँ दहेज में, दो नंबर के नोट,
पाखंडी मेवा चरें, पंडित चाटें होट।
पंडित चाटें होट, वोट खाते हैं नेता,
खायं मुनाफ़ा उच्च, निच्च राशन विक्रेता।
काकी मैके गई, रेल में खाकर धक्का,
कक्का स्वयं बनाकर खाते कच्चा-पक्का।

'क्या करें यार, खाना बनाना तो हमसे आता नहीं, जैसा भी बन जाता है, खा लेते हैं। आज तो तुम आ गए हो, बोलो क्या खाओगे, हम बनाएँ या तुम बनाओगे?'

'मैं तो काकू, खाना ही जानता हूँ, बनाने की कष्ट क्रिया में नहीं पड़ता, आपके साथ कुछ हैल्प अवश्य कर दूँगा।'

'खाना तो बनाएँगे बाद में, आज चौपाल में हमारे श्रोता तथा प्रश्नकर्त्ता आएँगे, उनके प्रश्नों के उत्तर देंगे, तुम प्रश्नोत्तरों को नोट करते रहो, इसी बहाने एक पुस्तक भी हो जाएगी तैयार, बोलो रैडी?'

'यस डैडी! लेकिन मुझे पारिश्रमिक क्या मिलेगा?'

'खाना मिलेगा और क्या मिलेगा?'

'सुनो काका, मैं केवल खाने पर काम नहीं करूँगा।'

'क्यों?'

'यों कि निकट भविष्य में मेरी शादी होने वाली है, उस गृहिणी के लिए भी तो कुछ धन इकट्ठा करना है।'

'अच्छा तो ऐसा करेंगे, पुस्तक की रॉयल्टी आएगी, उसमें से कुछ तुमको भी देंगे, मंजूर?'

'स्वीकार हुजूर! बुरा मत मानना काका, खाने के बदले काम या काम के बदले सिर्फ खाना मैं इसलिए स्वीकार नहीं करता कि इस चक्कर में एक बार धोखा खा चुका हूँ।'

'कैसा धोखा?'

'ऐसा हुआ कि एक अखबार में विज्ञापन निकला। 'सिर्फ भोजन पर ही संतुष्ट हो सके ऐसे त्यागी व्यक्ति की आवश्यकता है।' उन दिनों मैं कड़की में था, पहुँच गया विज्ञापनदाता के पास। मैंने कहा– आपका विज्ञापन देखकर आया हूँ भोजन कराइए और काम बताइए।'

उस 'महापुरुष' ने कहा– देखो, वह सामने लंगर है न, अन्न क्षेत्र। वहाँ सदावर्त्त बँटता है, तुम भरपेट भोजन कर आया करो और मेरे लिए ले आया करो। यह सुनकर मैं वहाँ से खिसक लिया चुपचाप।'

'बहुत बचे, तो देखो, अब चौपाल पर काफी प्रश्नकर्ता आ गए हैं, संभालो कागज और उठाओ लेखनी।'

काव्य प्रेमियों के लिए लगा रखी चौपाल,
आगे आए प्रश्न, हम उत्तर दें तत्काल।
उत्तर दें तत्काल, एक घंटा बैठेंगे,
एक गोष्ठी में पचास के उत्तर देंगे।
प्रश्न गद्य में करो, पद्य में उत्तर पाओ,
अंग-अंग में हास्य-व्यंग्य की गंग बहाओ।

प्र०–इंसान को बलवान बनने के लिए क्या करना चाहिए?

उ०–भ्रष्टाचारी टॉप का, वी.आई.पी. के ठाठ,
इतनी चौड़ी तोंद हो, बिछा लीजिए खाट।

प्र०–मध्यावधि चुनावों में कॉंग्रेस (आई) की जीत का क्या कारण है?

उ०–कुर्सी लालच द्वेष की, लूटम फूट प्रपंच,
बंदर आपस में लड़ें, बिल्ली छीना मंच।

प्र०–लेकर कलम जो बैठा, तो भूल गया सब,
वरना मुझे कुछ आपसे, कहना जरूर था?

उ०–कुछ फिक्र नहीं, अपनी बात भूल गए तुम,
हैं आप उधर चुप, तो इधर हम भी हैं गुमसुम।

प्र०–इंसान जब ठोकर खाता है तो क्या करता है?

उ०–खाते-खाते ठोकरें, बिगड़ गई जब शक्ल,
संभल गए, तब लौटकर वापिस आई अक्ल।

प्र०–मनुष्य कितना ही अच्छा हो, उसमें दोष निकालने वाले क्यों पैदा हो जाते हैं।

उ०–मानव की तो क्या चली, बचा नहीं भगवान,
उसके निंदक देख लो, हैं नास्तिक श्रीमान्।

प्र०–काकाजी, मैं आपको दावत पर बुलाना चाहता हूँ?

उ०–'मीनू' में क्या चीज़ है, बतलाओ यह बात,
कितनी दोगे दक्षिणा, दावत के पश्चात्।

प्र०–मौत और सौत में क्या फ़र्क है काका?

उ०–मौत अच्छी फ़क़त इक बार मरने पर जलाती है,
सौत है मौत से बदतर, ज़िंदगी भर जलाती है।

प्र०–देवानंद कहते हैं 'जॉनी मेरा नाम'। राजकपूर कहते हैं 'मेरा नाम जोकर' तो आप क्या कहते हैं?

उ०–'काका' काका ही रहें, हुआ नाम सरनाम,
दलबदलू की तरह हम, क्योंकर हों बदनाम।

प्र०–नारी की दृष्टि में पुरुष क्या है?

उ०–कार की दृष्टि में ड्राइवर,
जनता पार्टी में चंद्रशेखर,
उसी प्रकार समझ लो मिस्टर,
नारी की दृष्टि में है नर।

प्र०–बैलबॉटम (सड़क झाड़ती) के बाद अब कौन-सा फैशन आएगा?

उ०–बाबू बाँधे साड़ियाँ, बीबी पहिनें पैंट,
बीबीजी अफसर बनें, बाबू जी सरवैंट।

प्र०–इंसान छुटपन में बालक, जवानी में युवा, तो बुढ़ापे में?

उ०–बूढ़ेपन में बुढ़उ बन, करें प्रभू का ध्यान,
या मुरारजी की तरह, 'जीवन जल' का पान।

प्र०–वैरी गुड लाइफ़, विद-आउट वाइफ़, आपकी एडवाइस?

उ०–वाइफ़ से लाइफ़ बने, बिन वाइफ़ सुनसान,
नहीं किराए पर मिले, उसको कहीं मकान।

प्र०–नेता जब चारों ओर से निराश हो जाए तो?

उ०–सत्ता से पत्ता कटे, हो करके असहाय,
भाषण देकर विरोधी, जनता को बहकाय।

प्र०–मेरी इच्छा हेमामालिनी से शादी करने की थी, किंतु उसे धर्मेन्द्र ले गए। अब क्या करूँ काका?

उ०–छोड़ी जो धर्मेंद्र ने, उसे पटालो यार,
बिना परिश्रम मुफ़्त में, बच्चे पाओ चार।

प्र०–राजनारायण की दाढ़ी का एक बाल मुझे दिला सकते हैं?

उ०–दाढ़ी की गाड़ी गिरी, बाल हुआ बेकार,
यदि तुमने मँगवा लिया, मिले हार पर हार।

प्र०–एक लड़की मेरी दुकान के सामने से गुजरती है तो मुसकरा देती है क्यों?

उ०–उल्लूजी उल्लू बनें, लल्ली जब मुसकात,
जाय अँगूठा दिखाकर, जब आ जाए बरात।

प्र०–अगर लड़की चाँदनी चौक है तो लड़का?

उ०–सीधा-सा यह प्रश्न है, नोट करो उत्तर्र,
लली चाँदनी चौक है, लल्ला घंटाघर्र।

प्र०–चार सौ की नौकरी में गृहस्थी की गुज़र नहीं होती, रेलवे में काम करता हूँ, क्या करूँ?

उ०–थ्री टायर की कोच के टी.टी.ई. बन जाउ,
मौज उड़ाओ रात दिन, इतने नोट कमाउ।

प्र०–अगर आज के युग में त्रेता युग का रावण विरोधी दल में होता तो?
उ०–जगजीवन बाबू की तरह धोखा नहीं खाता,
मार छलाँग काँग्रेस आई में मिल जाता।

प्र०–नेता का आजकल असली रूप क्या है?
उ०–नेता रूप स्वरूप यह, नोट कीजिए आप,
चमचा वह सरकार का, जनता का है बाप।

प्र०–गन्ने का रस, मुसम्मी का रस, टमाटर का रस बाज़ार में चल रहे हैं, आपको कौन-सा रस पसंद है?
उ०–वीर, करुण, शृंगार-रस, सब फल रस बेकार,
परनिंदा रस पीजिए, बनकर टीकाकार।

प्र०–दिल काबू से बाहर कब हो जाता है?
उ०–आँख मारकर हसीना पकड़े अपनी राह,
बाबू बेकाबू हुए, मुँह से निकली आह।

प्र०–काकी से आप रोज़ाना कितनी बार लड़ते हैं?
उ०–प्यार-तकरार सँग-सँग हों, रहे चुस्ती, बढ़े फुर्ती,
वही शर्बत मज़ा देता, हो जिसमें थोड़ी-सी तुर्शी।

प्र०–काकाजी आप किस देवी-देवता के भक्त हैं?
उ०–छोड़े देवी-देवता, खुश रक्खो हुक्काम,
कुर्सी देवी को भजो, सफल होयँ सब काम।

प्र०–लोग नित नए-नए फैशन बदलते हैं किंतु आप वर्षों से उसी दाढ़ी को क्यों धारण किए हुए हैं?
उ०–बाबू फैशन बदलते, नेता बदलें दल्ल,
दाढ़ी अपनी जगह पर, रहती सदा अटल्ल।

प्र०–शराफ़त छोड़ने पर इंसान कब मजबूर हो जाता है?
उ०–गुंडों से पाला पड़े, हो शरीफ़ बेताब,
छोड़ शराफ़त ईंट का, पत्थर देय जवाब।

प्र०–यदि किसी पागल को फिल्म में अभिनय दे दिया जाए तो?
उ०–हीरोइन के सामने मटक-मटक बल खाय,
इसी कला से हास्य का हिट हीरो बन जाय।

प्र०–आँखों में आँख डालके देखा न कीजिए,
पीने का शौक है तो सुराही से पीजिए।
उ०–वो अपनी मस्त निगाहों को कुछ नहीं कहते,
हमें शराब की तोहमत लगाई जाती है।

प्र०–काकाजी, हमको तुमसे प्यार हो गया है, क्या करें?
उ०–अपने बिल से निकलकर, ठंडे दिल से घूम,
आजा बेटे हाथरस लेंगे तुमको चूम।

प्र०–काका के कारतूसों में कौन-कौन से तत्व है?
उ०–हास्य-व्यंग्य का आजकल सबसे अधिक महत्त्व,
भाँति-भाँति के भरे हैं, कारतूस में तत्त्व।

प्र०–क्या प्रमाण है इस बात का कि आपकी दाढ़ी असली है?
उ०–खींचतान कर देख लो असली है या नक्ल,
आ जाएगी ठिकाने, तुरत आपकी अक्ल।

प्र०–काकाजी, आप अपने रुपए-पैसे कहाँ रखते हैं?
उ०–गुप्त भेद के भेदिया, फेंक रहे हो डोर,
मालुम होता आपके मन में बैठा चोर।

प्र०–अगर किसी दुबले-पतले की शादी मोटी से हो जाए तो?
उ०–दो क्विंटल से कम नहीं तोल सके तो तोल,
किसी-किसी के भाग्य में लिखी ठोस फुटबॉल।

प्र०–हमको भी कारतूस बनाना सिखा दोगे क्या?
उ०–लेने के देने पड़ें, मत करना यह खेल,
मिस्टर 'मीसा' पकड़ लें, हो जाएगी जेल।

प्र०–मुहब्बत की पहली सीढ़ी पर खतरा रहता है या उसके बाद?
उ०–पहली सीढ़ी पर अगर पहुँच गई है टाँग,
आगे कुछ ख़तरा नहीं, मारो लंब छलाँग।

प्र०–अखबारों में काकी के कारतूस क्यों नहीं छपते?
उ०–काका कवि कविता करें, काकी रहती मौन,
यदि वे भी लिखने लगे, हमको पूछे कौन?

प्र०–औरत और घड़ी में क्या फ़र्क होता है?
उ०–टिक-टिक करती है घड़ी, नहीं चलाती होंठ,
झिक-झिक करती औरतें, जीभ मारती चोट।

प्र०–आपकी नज़र में गुरु बड़ा या ईश्वर!
उ०–गुरु, ईश्वर या देवता व्यर्थ हो गए आज,
कलियुग में सबसे बड़े मिनिस्टर्र महाराज!

प्र०–बिजली चली जाती है तब अँधेरा हो जाता है, पत्नी चली जाए तब?
उ०–बिजली गुम हो जाए तो बात नहीं कुछ खास,
बीवी जाती मायके, आय प्रेमिका पास।

प्र०–काका, क्या आप प्रत्येक प्रश्न का उत्तर देते हैं?
उ०–जो सवाल अश्लील हो, देते उसको फाड़,
लेखकजी को मारते, काका एक लताड़।

प्र०–जिन्हें हम भूलना चाहें वो अक्सर याद आते हैं?
उ०–याद का स्वाद मिट जाता, वो उसके बाद आते हैं।

प्र०–महबूबा से प्यार करने वाले को कौन छुड़ा सकता है?
उ०–गुल से लिपटी हुई तितली को छुड़ाकर देखो,
आंधियो, तुमने दरख़्तों को उखाड़ा होगा।

प्र०–कहते हैं वहम का कोई इलाज नहीं, आपका तजुर्बा?

उ०–दिल में आता रहम जब, वहम अधिक हो जाय,
काकी घड़ा टटोलती, जब थाली खो जाय।

प्र०–पृथ्वी पर जो भी मरे वह स्वर्गीय कहाय,
नरक लोक भगवान ने काहे दिया बनाय?

उ०–स्वर्गलोक का आजकल हाउसफुल श्रीमान,
धर्मी हो या अधर्मी, करे नरक प्रस्थान।

प्र०–आजकल हम बेकार हैं, इसलिए आपके साथ गप्पें लड़ाना चाहते हैं?

उ०–गप्प मारने से नहीं हो सकता उद्धार,
कार एक ले लीजिए, क्यों रहते बेकार।

प्र०–लड़की को एक दिन अपना घर छोड़कर ससुराल जाना पड़ता है तो लड़के को?

उ०–इधर-उधर मुँह फाड़ते, बाबू जी बी.काम.,
बीबी के बँधन बँधे मुँह पर लगी लगाम।

प्र०–प्रेमिका बीमार हो जाए तो प्रेमी उसे देखने कैसे जाए?

उ०–सखी प्रेमिका की बनो, बदलो अपना ड्रेस,
मूँछ मुड़ा साड़ी पहन, चेंज कीजिए फ़ेस।

प्र०–काकाजी आपके बाद आपकी गद्दी पर कौन बैठेगा?

उ०–मध्यावधि के इलेक्शन चरणसिंह थे मौन,
उनको भी मालूम न था, गद्दी बैठे कौन।

प्र0–क्या कभी आप काकी को सिनेमा भी दिखाते हैं?

उ०–उसे सिनेमा इसलिए नहीं दिखाते यार,
अधबूढ़े धर्मेंद्र पर हो जाए बलिहार।

प्र0–सुनते हैं आप बहुत बुद्धिमान हैं, क्या यह सच है?

उ०–बुद्धिमान खुद को कहे, बने ज्ञान की खान,
उसको बुद्धू जानिए, है पक्की पहचान।

गोष्ठी-दो

'काकाजी, प्रथम गोष्ठी में मैंने आपको कविता सुनाई थी अब इस गोष्ठी का आप करें श्रीगणेश।

'किस विषय पर सुनना चाहते हो?'

'विषय वासना से तो अपन अभी दूर हैं काका। ऐसा करो, कोई नया आइडिया लेकर हो जाए छंद।'

आई-डिया

'आई से है इंडिया, आई का है राज,
आई से थी इंदिरा, राजकाज सरताज।
राजकाज सरताज, साथ आई का दीजे,
आए लौट चव्हाण, आइडिया इनसे लीजे।
ना-ना करते रहो, त्याग भावना दिखाओ,
दर्शन दे कुर्सी तो, फुर्ती से चढ़ जाओ।'

'वाह काका! आइडिया तो अच्छा है लेकिन हमको आई, माफ़िक नहीं आई। बहुतेरी चेष्टा की, किसी प्रकार घुस जाएँ काँग्रेस आई में, लेकिन हर बार गिर पड़े खाई में।'

'क्यों?'

'चुगलखोरों ने शिकायत कर दी कि यह किलोल आर.एस.एस. की शाखा में हमने देखा है। आप जानते ही हैं, प्रधानमंत्री सपने में भी ऐसे व्यक्ति को पार्टी में नहीं आने देते, जिसमें ज़रा भी आर.एस.एस.की आती हो गंध। आपकी सौगंध, मैंने कभी भी शाखा में भाग नहीं लिया, एक बार पार्क में घूम रहा था। वहाँ शाखा

लगी हुई थी उस समय, तनिक-सी देर को खड़े हो गए तभी एक आदमी ने फोटो खींच लिया। जब कभी हमारा चांस किसी सरकारी संस्थान में आता है तो हमारा एक विरोधी वह फोटो दिखाकर मामला कैंसिल करा देता है। अब क्या करें कोई कुर्सी मिल जाए, इस टोह में बराबर रहता हैं लेकिन कोई जुगाड़ नहीं बैठता।

हमने एक 'कुर्सीनामा' लिखा है, उसका दैनिक पाठ किया करो, कुर्सी प्राप्त हो जाएगी—

कुर्सीनामा

मक्खनानंदजी की भाग्य कलिका खिलने वाली है,
प्रशासन में उन्हें भी एक कुर्सी मिलने वाली है।

चमक आँखों में, चेहरे-चौखटे पर भी खुशाली है,
पजामा चूड़ियों वाला, नई अचकन सिला ली है।

सजी है पुष्पहारों से, घिरी है अलंकारों से,
सँभल कर बैठना, कुर्सी कँटीले तार वाली है।

किसी की जब छिने कुर्सी, किसी को जब मिले कुर्सी,
किसी दिल में अँधेरा है, किसी दिल में उजाली है।

अँधेरा होगा कुछ ईमान वाली कुर्सियों के घर,
फ़रेबी कुर्सियों की दिल में पूनम की उजाली है।

कुर्सियाँ हो गईं बूढ़ी, न छोड़ेंगे कभी बुढ़ऊ,
रजिस्ट्री ज़िंदगी-भर के लिए पक्की करा ली है।

खलीफ़ा ने खफ़ा होकर, यकायक माँगा इस्तीफ़ा,
फटाफट गुप्तजी ने गुप्त फ़ाइल फाड़ डाली है।

गई कुर्सी तो, कोठी-कार सबने फेरली नज़रें,
मौन है फ़ोन क्यूँ, यह दुश्मनी कब की निकाली है?

हिलेगी जब बड़ी कुर्सी, मिलेगी फिर हमें कुर्सी,
धुरंधर ज्योतिषी को जनमपत्री फिर दिखाली है।

मिली कुर्सी जो दोबारा, उखाड़ें क़िस्सा कुर्सी का,
सपन साकार करने के लिए दाढ़ी बढ़ा ली है।

बड़ी कुर्सी के लालच में, लड़े जब देव औ' दानव,
झपट्टा मार देवी ने, 'गई कुरसी' छिनाली है।

लिखें किस विषय पर कविता, नहीं सूझा कोई मैटर,
बैठ कुर्सी पै काका, गज़ल कुर्सी पर बनाली है।

और अब प्रश्नोत्तर हो जाएँ।

प्र०–औरतें अक्सर कहा करती हैं, आप बड़े 'वो' हैं। यह 'वो' क्या बला है, काका जी?

उ०–प्रेमी को उत्तर नहीं देगी 'यस' या 'नो',
कहे समर्पित स्वरों में आप बड़े हैं 'वो'।

प्र0–8। वर्ष की उम्र में भी आपकी अच्छी हैल्थ का राज़ क्या है?

उ०–मन तो अभी जवान है, तन इक्यासी वर्ष,
स्वस्थमस्त हैं इसलिए, लुटा रहे हैं हर्ष।

प्र0–प्रेमिका हर बार मेरा रूमाल ले लेती है, वापस नहीं करती क्या करूँ?

उ०–मित्रों के रूमाल वह कर लेती स्वीकार,
सबसे आकर्षक लगे, उस पर हो बलिहार।

प्र0–पोस्टरों में हसीनाओं के ही चित्र क्यों छापे जाते हैं?

उ०–रूखा-सूखा पोस्टर, नहीं देखते 'मैन',
सुघड़ सुंदरी देखकर, गढ़ जाते हैं नैन।

प्र0–सोचता हूँ आपको पत्र लिखूँ, लेकिन दाढ़ी देखकर डर जाता हूँ?

उ०–दाढ़ी से यदि इंदिरा डर जातीं उस साल,
राजनरायण का नहीं होता ऐसा हाल।

**प्र0–आँख लड़ी दिल दे दिया, समझे हम शुरुआत,
किंतु बात होती नहीं, कारण है अज्ञात?**

उ०–लड़ी आँख से आँख तो करलीं आँखें बंद,
उसे चौखटा आपका, आया नहीं पसंद।

प्र0–जीवन में दुख ही दुख आ रहे हैं, सुख कब आएगा?

उ०–बसो किसी अच्छी जगह, छोड़ पुरानी चाल,
खुल जाएगी लाटरी, होगे माला माल।

प्र0–गाँव की गोरी अच्छी या शहर की छोरी?

उ०–गोरी-गोरी सुंदरी, मालदार ससुरार,
होय शह्र या गाँव की कर लीजे स्वीकार।

प्र0–दुख में भगवान याद आते हैं, सुख में क्यों भूल जाते हैं?

उ०–दुख देता भगवान जब, होती मन की शुद्धि,
सुख में भूले प्रभू को, सूख गई सद्‌बुद्धि।

प्र0–औरत की व मर्द की खुशियाँ क्या-क्या होती हैं?

उ०–बाबू खुश, मिटती रहे धन-दौलत की भूख,
बीबी खुश साड़ियों से भरे रहें संदूक।

प्र0–दुनिया में रुपए से सब कुछ प्राप्त होता है तो रुपया किससे प्राप्त होता है?

उ०–रुपया श्रम से प्राप्त हो, अथवा अक्कल होय,
या खुल जाए लाटरी, रोक सके नहिं कोय।

प्र0–फ़िल्मी पर्दे पर किसी भिखारी को देखकर उसके प्रति दर्शक दया दिखाते हैं, लेकिन वास्तविक जीवन में?

उ०–नक़ली है वह भिखारी, करते नकली प्यार,
असल भिखारी मिले तो, उसको दें फटकार।

प्र0–चोर को रँगे हाथ पकड़ लें तो क्या करना चाहिए?

उ०–चोरी करते हुए यदि आ जाए वह हाथ,
कहिए उससे मित्रवर, रख लो हमको साथ।

प्र0–ऐसी पत्नी कैसे मिले जो घर को स्वर्ग बना दे?

उ०–ख़तरनाक वे बहू जो, घर को स्वर्ग बनायँ,
पति-पत्नि माता-पिता सब स्वर्गीय कहायँ।

प्र0–लाल मिर्च से भी ज़्यादा तेज़ी किसमें होती है?

उ०–काका बैठे फ़र्श पर, काकी पौड़ी सेज,
लाल मिर्च से दस गुनी, समझो उसको तेज।

प्र0–दुश्मन और रिश्तेदार में क्या अंतर है?

उ०–एक दो दिन तक ही लगे, प्यारा रिश्तेदार,
अड़ जाए यदि अधिक दिन, कौन करेगा प्यार।

प्र0–यदि आपके सामने पैसा और इज़्ज़त दोनों रख दिए जाएँ तो किसे पसंद करेंगे?

उ०–इन दोनों की छाँट में पैसा मन को भाय,
पैसा होगा पास तो, इज़्ज़त भागी आय।

प्र0–मैं बॉक्सर हूँ, क्या आप मुझसे मुक्केबाज़ी करेंगे, काका?

उ०–बॉक्सरजी को देखकर, मुँह लेते हम ढाँक,
फूट जाएगी आँख या टूट जाएगी नाक।

प्र0–सब जानते हैं कि मौत निश्चित है फिर भी इंसान मरने से क्यों बचना चाहता है?

उ०–जब तक श्वासा तब तक आशा,
मानव जीवन की परिभाषा।

प्र०–मरने पर मुर्दे को काठी पर रखकर बाँध क्यों देते हैं?

उ०–कफ़न डाल काठी कसी, वस्त्राभूषण छीन,
भाग न जाए इसलिए रस्सी से कस दीन।

प्र०–नसबंदी और नशाबंदी में क्या फ़र्क़ है?

उ०–नसबंदी से गिर गई काँग्रेस सरकार,
करी नशाबंदी शुरू, गए मुरारी हार।

प्र०–कोई-कोई हसीना सीने पर चोटियाँ लटकाकर क्यों चलती है?

उ०–चोटी मत समझो इन्हें, दो साँपिन बल खायँ,
हाथ बढ़ाए जो उधर उसे तुरत डस जायँ।

प्र०–इलैक्शन के वायदे नेता लोग पूरे क्यों नहीं करते?

उ०–अगर चुनावी वायदे, पूर्ण करे सरकार,
इंतजार के मजे सब, हो जाएँ बेकार।

प्र०–वह कौन-सी चीज़ है, जो मौत से पहले इंसान को मार डालती है?

उ०–पहले आदर, फिर मिला पग-पग पर अपमान,
बिना मौत वह मर गया, बेचारा इंसान।

प्र०–आजकल के लड़के बुजुर्गों की बजाय अपनी पंसद को ही महत्त्व क्यों देते हैं?

उ०–बूढ़े आउट हो गए, आउट हुई पसंद,
मिलता नई पसंद में, नया-नया आनंद।

प्र०–सुख-दुख का साथी पैसा तो मृत्यु का साथी?

उ०–कफ़न और कांठी रहे, मृत्यु समय में पास,
चार यार नीचे चलें, पीछे सौ-पंचास।

प्र०–शाहजहाँ ने अपनी प्रियतमा की याद में ताजमहल बनवा दिया, आप क्या बनवाएँगे?

उ०–उड़ना तो चाहता हूँ, परवाज़ नहीं मिलती,
मैं ताज तो बनवा दूँ, मुमताज नहीं मिलती।

प्र०–अफ़गानिस्तान ने रूस पर अपनी चौधराहट क्यों जमा रखी है?

उ०–काका के सिर पर रखें यदि अफगानी ताज,
डेढ़ मिनट में रूस की फ़ौज़ हटादें आज।

प्र०–दान देने वाला श्रेष्ठ होता है या लेने वाला?

उ०–तुलसी कर पर कर करो, करतल कर न करो,
कर के नीचे कर करो, तो फिर डूब मरो।

प्र०–आपकी याद काकी को कब सताती है?

उ०–काकीजी के पर्स के हों समाप्त जब नोट,
काका की माला जपें, कर घूँघट की ओट।

प्र०–मनुष्य के दो आँखें क्यों होती हैं?

उ०–एक आँख में हुस्न का, रूप-रंग भर लेय,
आँख दूसरी मारकर, प्रेम प्रगट कर देय।

प्र०–परदेस में इंसान का साथी कौन होता है?

उ०–ख़ाली पाकिट होय तो साथी दें नहिं काम,
थैली में हों नोट तो शीश झुकायँ तमाम।

प्र०–मैं जिससे दोस्ती करता हूँ वह मुझे दुश्मन क्यों समझने लगता है?

उ०–अंतरपट में खोजिए, छिपा हुआ है खोट,
मिल जाएगी आपको, बिल्कुल सत्य रिपोट।

प्र०–पूजा होय बसंत की, हरियल उपवन होय,
पतझड़ लाय बसंत को, उसे न पूछे कोय।

उ०–सबहि सहायक सबल के, निबल न कोउ सहाय,
पवन बढ़ावत आग को, दीपक देय बुझाय।

प्र०–प्यास बुझाने के लिए पानी के अलावा और क्या चाहिए?

उ०–पानी पीने से बुझे, मानव-तन की प्यास,
राजनीति में सताती, सिंहासन की प्यास।

प्र०–सरकारी चीज़ को लोग मुफ़्त का माल क्यों समझते हैं?

उ०–बैठे जनता-ट्रेन में, बिना टिकट दिलदार,
जनता हैं हम इसलिए, है अपना अधिकार।

प्र०–प्रेमी-प्रेमिकाओं में अनबन कब हो जाती है?

उ०–रूप-रंग ढल जाए या ख़ाली पॉकिट होय,
लड़ते देवी-देवता दाँता किटकिट होय।

प्र०–ज़िंदगी उसी की है, जो किसी का हो गया।' आपका क्या ख़याल है काकाजी?

उ०–सीट ख़ाली मिल गई, चादर बिछाकर सो गया,
जिसके डंडे में है दम, अधिकार उसका हो गया।

प्र०–ज़रूरत से ज़्यादा प्यार नफ़रत में बदल सकता है क्या?

उ०–अति की भली न बेरुखी, अति का भला न प्यार,
अति की भली न मिठाई, अति का भला न खार।

प्र०–भूख हड़ताल करने वालों के नाम पेपर में छपते हैं, लेकिन देश में लाखों भूखे हैं, उनके नाम क्यों नहीं छपते?

उ०–भूखों से भर जाएगा सम्पूरन अख़बार,
नेता-भाषण-चित्र सब हो जाएँ बेकार।

प्र०–नेता लोग ज़िंदगी से कब ऊब जाते हैं?

उ०–पलट जाय दुर्भाग्य से जब उनकी सरकार,
नींद गई, आदर गया, हुई ज़िंदगी भार।

प्र०–हास्य-व्यंग्य की जिस समय घुसे नाक में गंध,
हो जाते बेहोश हम काका कवि के संग।

उ०–बेहोशी के बाद जब आए तुमको होश,
उछल-कूद करने लगो, ज्यों उछले ख़रगोश।

प्र०–प्रेम पिलाया पी गया रहा सनम को रोय।
इसकी दूसरी पंक्ति पूरी कर दीजिए।

उ०–एक और पी जाइए, होनी हो सो होय।

प्र०–अगर ज़िद्दी किस्म की प्रेमिका उल्लू की फर्माइश करे तो?

उ०–उसको लक्ष्मी मानकर सम्मान आप दिखाइए,
उल्लू की मुद्रा बनाकर, अदब से झुक जाइए।

प्र०–फूल की हिफ़ाजत काँटे से करते हैं, तो हुस्न की?

उ०–दुष्टों के फंदे फँसे, जब कोई खातून,
करें हुस्न की हिफ़ाजत, दाँत और नाख़ून।

प्र०–काकाजी, आपका शिष्य बनने की क्या फीस है?

उ०–नहीं चाहिए दक्षिणा, नहीं चाहिए दान,
थोड़ी श्रद्धा भेज दो, थोड़ा-सा सम्मांन।

प्र०–कौन-सी चीज़ पैसे से नहीं ख़रीदी जा सकती?

उ०--कोठी बँगलों में भरी हों सोने की ईंट,
प्रधानमंत्री की नहीं मिल सकती है सीट।

प्र०–सुंदरियों की कमर पतली क्यों होती है काका?

उ०–कुसुम कली-सी कामिनी, काहे को कटि छीन,
कटि का कंचन काटकर, कुचन मध्य धरि दीन।

गोष्ठी-तीन

किलोल कवि का हाँफते हुए प्रवेश–
'गजब हो गया काकू!'
'क्या हुआ, कहाँ चल गए चाकू?'
'चाकू नहीं, रिवाल्वर-बंदूक।'

'रिवाल्वर-बंदूक? पहेली मत बुझाओ, स्पष्ट बताओ क्या हुआ!'

'छबिराम डाकू मारा गया।'

'अरे उल्लूनंद, यह समाचार तो पुराना हो गया। तुमको अब पता लगा है?'

'काका, मैंने पच्चीस पैसे की पुड़िया 'चने ज़ोर गरम' वाले से ख़रीदी थी, चने खाकर उस पुड़िया को खोलकर देखा, तो यह भयंकर ख़बर पढ़कर सारे चने हो गए भसम, भगवान कसम।'

'सुनो किलोल। कितने भी डाकू मर जाएँ, लेकिन डाकेज़नी नहीं मरेगी, छबिराम मर गया तो क्या, उसकी गद्दी दूसरे ने सम्हाल ली। यह सिलसिला हमेशा रहेगा जारी। आज तुम चूहे पकड़ने का पिंजड़ा घर में रख दो, पिंजड़ा चूहों से भर जाएगा। फिर उनको छोड़ दो या मार दो, कोई फ़र्क़ नहीं पड़ता। दूसरे-तीसरे दिन घर में चूहों की नई पल्टन तैयार पाओगे। यह तो प्रकृति का नियम है, कुएँ से पानी निकालो, फिर उतना ही आ जाएगा। आज सौ मच्छर मार दो, कल दो सौ आपकी सेवा में हाज़िर।'

'अच्छाजी, ये बातें तो हो गईं। अब यह बताइए, 'साप्ताहिक हिंदुस्तान' के होली अंक के लिए आपने क्या लिखा है?'

'इस बार होली की पिचकारियाँ हमने फ़िल्मी सितारों पर छोड़ी हैं। सुनो–

होली की ठिठोली (फ़िल्मी सितारों से)

राजकपूर

हीरा जैसी नज़र के, हीरो राजकपूर,
छापा मारे बुढ़ापा, ढीले हुए हजूर।

अभिताभ बच्चन

बच्चन अपने नाम से, जोड़ रहे क्यों आप,
लंबाई में लग रहे, दस बच्चों के बाप।

राजेश खन्ना

प्रतिभा अनुभव के धनी, 'मनी' बहुत है पास,
ख्याति खूब अर्जित करी, अब ले लो संन्यास।

राज बब्बर

'क्लीन शेव्ड' हैं कभी तो, कभी मुछंदर मैन,
शूटिंग पर सिगरेट बिन, रहते हैं बेचैन।

गब्बरसिंह

जब्बर होते जा रहे, गब्बर अजमद ख़ान,
टुनटुन के चाचा बनें, कुछ दिन में श्रीमान।

हेमामालिनी

पहिले मिस थीं अब मिसिज़, ख़बर मिलेगी कब्ब
झुनझुना हम भेज दें, मुन्ना होवे जब्ब।

जीनत अमान

जीनत की कीमत बहुत, बोलो कौन लगाय,
अंग-प्रदर्शन जब करे, हाय-हाय मच जाय।

पद्‌मिनी कोल्हापुरे

खूब जानती पद्‌मिनी, पब्लिसिटी का इल्म
जबसे चुंबन लिया है, मिलीं बीसियों फ़िल्म

परवीन बॉवी

कहते हैं फ्री सैक्स में, है परवीन प्रवीण,
टिकिट ब्लैक में ले रहे, फ़िल्मों के शौक़ीन।

मौसमी चटर्जी

यथा नाम है तथागुण, काका करें कबूल,
हर मौसम में मौसमी, रोगी को अनुकूल।

रीना रॉय

बता रहा है कैमरा, नाक-नक़्श मामूल,
मुसकाती हैं आप जब, तब खिल जाते फूल।

रेखा

बच्चों जैसा मधुर मुख, यह कैसा संयोग,
कमर देख कमरा कहें, मुँह बिचकाएँ लोग।

'क्षमा करें काकाजी, हेमामालिनी की बाबत आपने कहा है, मुन्ना होगा तो झुनझुना भेजेंगे, लेकिन उसकी गोद में तो आ गई मुन्नी।'

'तो क्या हुआ, भेज देंगे उसको एक चुन्नी!'

'मेरी मार्फत भेज देना भगवन। इस बहाने हेमाजी के दर्शन भी हो जाएँगे।'

'नहीं-नहीं, तुम अभी ब्रह्मचारी हो। सुंदरियों के दर्शनमात्र से तुमको बचना चाहिए। देखो श्रोता आ गए हैं अपना काम शुरू करें–

प्र०–आप अटलबिहारी की पार्टी में शामिल हो सकते हैं, क्यों?

उ०–वे क्वांरे हम विवाहित, कैसे मेल मिलायँ,
शादी कर लें अटल जी, तो शामिल हो जायँ।

**प्र०–पत्नी से अधिक सुंदर है मेरी साली,
पिलाऊँ तो क्या पी लेगी प्रेम की प्याली?**

उ०–सावधान रहना डियर, हो सकते हो हूट,
यदि वह ठोकर मार दे, प्याली जाए टूट।

प्र०–कहते हैं किसी के ग़म में लोग दाढ़ी बढ़ाते हैं, आपको क्या ग़म है?

उ०–अपनी दाढ़ी हास्य की, ग़म है कोसों दूर,
राजनरायण के लिए, यही मसल मशहूर।

प्र०–ज़िंदगी और जवानी का परस्पर क्या संबंध है?

उ०–ज़िंदादिली व जवानी, बहिनें खासम-खास,
भाग्यवान वह व्यक्ति है, दोनों जिसके पास।

प्र०–दिलदारों का दिल कब टूट जाता है?

उ०–पाली-पोसी प्रेमिका, कोई ले गया लूट,
चूर-चूर तब हो गया, दिल का दर्पण टूट।

प्र०–कोई चालू क़िस्म की हसीना, किसी निर्दोष पर दोष लगा दे तो?

उ०–पक्ष नारि का लेयँ सब, दर्शक गुस्समगुस्स,
पीट-पीटकर बना दें, बेचारे का भुस्स।

प्र०–दुश्मन भी दोस्त कब और कैसे बन जाते हैं?

उ०–कल तलक दुश्मन बने जो गालियाँ बरसा रहे,
मंत्रिपद हमको मिला तो आके हाथ मिला रहे।

प्र०–चोर-डाकू अपने उद्देश्य में सफल किस प्रकार हो जाते हैं?

उ०–पुलिसमैन जी रेल-मेल में अच्छी ड्यूटी दे रहे,
डाकू स्लीपर लूट रहे हैं, वे खर्राटे ले रहे।

प्र०–राशन वाले चीनी देने में टालमटोल करते हैं, क्या करें?

उ०–ज़्यादा चीनी खाए जनता, डायबिटीज हो जाएगी,
इसीलिए सरकार हमारी, अधिक नहीं दे पाएगी।

प्र०–काका साब, यदि भगवान ने आपको औरत बनाया होता तो?

उ०–नारी होते तो हम नर को दिखाते ऐसे जौहर,
बरतन मलता चाय बनाता, पैर दबाता नित शौहर।

प्र०–सारे संसार का चक्कर एक सैकिंड में कैसे लगाया जा सकता है?

उ०–पलक मारकर कीजिए, बंद आँख के द्वार,
मन से कर लो कल्पना, घूम लिए संसार।

प्र०–यदि आपको अपनी सीट से हटाकर मुझे बैठा दिया जाए तो आप क्या सोचेंगे?

उ०–बात-बात में टाँग अड़ाएँ, दिन-भर तुझको कोसेंगे,
सोच रहे जो विरोध पक्षी, हम भी वही सोचेंगे।

प्र०–लड़कियाँ बचपन में गुड़ियों से खेलती हैं, जवानी में शौहर से, तो बुढ़ापे में?

उ०–जैसी जिसकी उम्र है, वैसी उठे उमंग,
बुढ़िया दादी खेलतीं पोती-पोते संग।

प्र०–मजनू और फ़क़ीर में क्या अंतर है, काका जी?

उ०–मजनू लैला के लिए, रहता सदा अधीर,
ख़ुदाबंद की याद में, है अलमस्त फ़क़ीर।

प्र०–मेरा भतीजा बहुत गालियाँ बकता है, उसका भविष्य क्या होगा?

उ०–भविष्य उज्ज्वल जानिए, चिंता छोड़ो आप,
'गाली भूषण' पद मिले, बने पुलिस का बाप।

प्र०–काकी के लहँगे का कपड़ा भेजना चाहता हूँ, कितना लगेगा?

उ०–लहँगे का घेरा बड़ा, हो जाओ मायूस,
लग जाएगा आपका पूरा क्लॉथ हाऊस।

प्र०–अकलमंद और अकलबंद में क्या फ़र्क़ है?

उ०–फ़र्क़ आप ही समझ लो, दोनों में श्रीमान,
नाम मिठाईलाल है, बेच रहे हैं पान।

प्र०–दुश्मन और दोस्त दोनों अपने आजू-बाजू हों तो ख़तरा किससे रहता है?

उ०–बड़ा विकट है ज़माना, मिलकर करें प्रहार,
दुश्मन से कम दोस्त से रहो अधिक होशियार।

प्र०–आप कविसम्मेलनों से प्राप्य धन काकी को ही सौंप देते हैं, कुछ भतीजों को भी बाँट दिया करें।

उ०–जो कवि सबसे अधिक दे, व्यंग-रंग-मय हर्ष,
उसको तीस हज़ार हम, देते हैं प्रतिवर्ष।

प्र०–काका, आपका पूरा नाम और पता क्या है?

उ०–मालुम होता आप हैं जासूसी एजेंट,
नाम पूछ आ जाओगे लेकर के वारंट।

प्र०–इंदिरा सरकार से आपको क्या ख़तरा है?

उ०–जाने कब ले जाएँ वे दिल्ली हमें घसीट,
मानद सांसद बनाकर, देदें सूखी सीट।

**प्र०–पड़ोस में रहती है एक लड़की प्यारी-प्यारी-सी,
कोयल-सी बोली है कोमल-सी कुमारी-सी।**

उ०–सावधान रहना प्रिय प्रेम के भिखारी जी,
कोमलांगी होतीं कुछ काँटा-कुमारी जी।

प्र०–काका आपके कोई कन्या भी है या नहीं?

उ०–कन्या होती तो उसे ले जाता दामाद,
सास-ससुर को चूसकर कर देता बरबाद।

प्र०–जब चार-छः औरतें आपस में लड़ रही हों तो हमें क्या करना चाहिए?

उ०–नारि-नारि के युद्ध का मज़ा दूर से लूट,
जो आ जाए बीच में जाय खोपड़ी फूट।

प्र०–विवाहित स्त्री को धर्मपत्नी क्यों कहते हैं?

उ०–तू-तू मैं-मैं बनी रहे, आपस में ठनी रहे,
असली धर्मपत्नी वह, पति से जो तनी रहे।

प्र०–आपने चाँद-सी सूरत पर यह दाढ़ी क्यों लटका रखी है?

उ०–ऊपर से तुम चमकते, भीतर से हो छूँछ,
जिसको दाढ़ी समझते, वह चंदा की पूँछ।

प्र०–आपने गत वर्ष जो राष्ट्रीय चने बनाए थे, उनका कुछ सैंपिल तो भेजिए?

उ०–मेरे चने चबाएँ मुरारी, फिर पीवें जीवन-जल
खारी, पावें लंबी उमर हज़ारी, चने ज़ोर गरम।

प्र०–मैं आसमान का छोर पकड़ना चाहता हूँ?

उ०–छत पर हो जाओ खड़े, ले पतंग अरु डोर,
अंतिम हिस्सा डोर का, समझो नभ का छोर।

प्र०–काकाजी, आपने शादी कब और क्यों की?

उ०–शादी हमने नहीं की, बरबस दिए धकेल,
काकी से शादी हुई, काका पड़ी नकेल।

प्र०–प्रेमी-प्रेमिका के मिलन में कोई दीवार खड़ी हो जाए तो?

उ०–सिर बार-बार मारो, दीवार तोड़ डालो,
अंदर पहुँच के 'सुंदर' को कंठ से लगालो।

प्र०–काकाजी, मैं आपका इंटरव्यू लेना चाहता हूँ?

उ०–इंटरव्यू के वास्ते लगा हुआ है 'क्यू',
इधर नहीं आना वरन पछताओगे 'यू'।

प्र०–तंग कपड़े पहनने का फ़ैशन दिनोंदिन क्यों बढ़ रहा है?

उ०–महँगाई से तंग हैं, कपड़े बनते तंग,
आगे चलकर रहोगे, बिल्कुल नंग-धड़ंग।

प्र०–किसी को सुख लाभ होता है तो मिठाई बाँटता है, दुःख मिलता है तो?

उ०–बाँट मिठाई सुक्ख में सबको खुश कर देय,
दुख में आँसू बाँटकर, मन हलका कर लेय।

प्र०–शादी लड़के का दिल देखकर करनी चाहिए या शक्ल देखकर?

उ०–शक्ल-अक्ल को छोड़कर देखो लड़का कोय,
दिल वाले के साथ वह, मिल वाला भी होय।

प्र०–कहा जाता है कि अमुक लड़का अमुक लड़की पर मर गया तो क्या वह वास्तव में मर जाता है?

उ०–कन्या ठुकरा दे उसे, हाथ मले पछताय,
काया से ज़िंदा रहे, दिल उसका मर जाय।

प्र०–मौत का समय निश्चित है या बिना मौत के भी मर सकते हैं?

उ०–गत चुनाव में पिट गए, नीची हो गई मूँछ,
बिना मौत वे मर गए, रही न कुछ भी पूछ।

प्र०–पुरुष के जीवन में स्त्री का महत्त्व अधिक है, या धन का?

उ०–मिस्टर सुंदरलाल तो क्वांरे धक्के खायँ,
ऊबड़-खाबड़ सेठ पर सुंदरि बलि-बलि जायँ।

प्र०–आज के ज़माने में किस प्रकार के इंसान से मुहब्बत करनी चाहिए?

उ०–मुहब्बत जिसके दिल में हो मुहब्बत सिर्फ़ उससे कर,
फँसा यदि बेमुरव्वत से तो पछताएगा जीवन-भर।

प्र०–लड़के-लड़कियों की पैदाइश का अनुपात कौन से शासन में क्या रहता है?

उ०–पुरुष राज्य में जन्मते अधिक पुरुष श्रीमान,
नारी-शासन में अधिक लड़की दें भगवान।

प्र०–काकाजी, बुढ़ापे में आपका दिल हसीनाओं को देखकर क्या कहता है?

उ०–बीस वर्ष की उम्र में भरते थे हम आह,
देख सुंदरी आजकल निकले सिर्फ़ कराह।

प्र०–मैं काकी से प्रेम करना चाहता हूँ।

उ०–कैसा मुँह का चौखटा भेज दीजिए चित्र,
तवा बाँधकर आइए, स्वागत होगा मित्र।

प्र०–पत्नी और प्रेमिका में अधिक महत्त्वपूर्ण कौन है?

उ०–घर की मुर्ग़ी दाल बराबर, दूर की मुर्ग़ी मिस हेलन,
हँसकर स्वागत करे प्रेमिका, पत्नी दिखलाती बेलन।

प्र०–काकी जी ने प्रेम पत्र लिखकर हमारा फ़ोटो मँगवाया है।

उ०–फ़ोटो अपना भेज दो उस पर होगी शोध,
अच्छी हो यदि शक्ल तो, रख लें तुमको गोद।

प्र०–प्रेमिका की अमृतमयी वाणी विष का रूप कब धारण कर लेती है?

उ०–नहीं ठहरती प्रेमिका, इक प्रेमी के पास,
जैसे भावे भैंस को नई-नई नित घास।
नई-नई नित घास, दिखाती तिरछी अँखियाँ,
मिश्री-सी मीठी बन जातीं खट्टी बतियाँ।

प्र०–बिल्ली रास्ता काट जाए तो अशुभ मानते हैं, कोई शेख़चिल्ली काट दे तो?

उ०–बिल्ली काटे रास्ता, घरवाली खो जाय,
चिल्ली काटे रास्ता, दीवाना हो जाय।

प्र०–किसी को अपना बनाने के लिए क्या करना चाहिए?

उ०–पहले उसको डालिए मीठे लब लेटर्र,
मतलब हल हो जाए तब बदल देउ मैटर्र।

**प्र०–उड़ जाता है माशूक रंगोरूप दिखाकर,
दिल को चुराकर ले जाता है दीवाना बनाकर।**

उ०–वह चोर है यह जानकर भी हुस्न पर मरते,
ताला लगाकर दिल्ल का तुम क्यों नहीं रखते।

गोष्ठी-चार

कैसे-कैसे प्रश्न करते हैं लोग। जितने मुँह उतने प्रकार की बातें। मुँह के मुहावरे सैकड़ों हैं, हमने इस पर बीस छंद लिखे हैं। इनमें साठ मुहावरे आ गए हैं, शेष तुम्हारे लिए छोड़ दिए हैं–

मुँह के मुहावरे

लक्खो लाला ने लिया, भुक्खे से **'मुँह फेर'**,
क़र्ज़ा लेने के लिए, आ जाता हर बेर।
आ जाता हर बेर, भले ही कुछ मत दीजे,
किंतु सेठजी, **'सीधे मुँह'** बातें तो कीजे।
खुले लाटरी मेरी तो सच्चा हो सपना,
'मुँह पर पैसा मार', करूँ **'उजला मुँह'** अपना।

'मुँह लटकाए' जा रहे, लटकनलाल दलाल,
हमने पूछा-- क्या हुआ, क्यों है पतला हाल।
क्यों है पतला हाल, कहें क्या तुमसे काका,
राशन वाला ख़ुद राशन पर, डाले डाका।
बोरे चिने हुए चीनी के, देखो जाकर,
लेकिन साफ़ मना कर देता, **'मुँह बिचकाकर'**।

एक दाम के बोर्ड से सजी हुई दूकान,
'मुँह में सोना' डालकर, बैठे हैं श्रीमान।
बैठे हैं श्रीमान, कसम गंगा की खाते,
दस की है जो चीज़, बीस की उसे बताते।
मूल्य बढ़ाकर लाभ ले रहे महँगाई का,
'झूठे मुँह' पर लगा **'मुखौटा'** सच्चाई का।

बाथरूम के फ़र्श पर, फिसल गए शशिकांत,
कुहनी-घुटने छिल गए, टूट गए कुछ दाँत।
टूट गए कुछ दाँत, पकड़कर रिक्शा भागे,
आ-आ कर **'मुँह फाड़ दिया'** डाक्टर के आगे।
मुसकाया डेंटिस्ट, बंद यह फाटक करिए,
बैठी हैं महिला मरीज, मत आहें भरिए।

होली खेलन को चले, कुछ हुरियारे ज्वान,
धुत्त नशे में गा रहे, गंदे-गंदे गान।
गंदे-गंदे गान, बढ़ी आगे को टोली,
'मुँह सिकोड़', कुलवधू कड़ककर उनसे बोली।
खबरदार, जो हाथ लगाया तुमने मुझसे,
'मुँह पर डालूँ आग', भाग जाओ **'मुँह भुरसे'**।

हलवाई के सामने, सजे मिठाई थाल,
'मुँह में पानी' आ रहा, देख चकाचक माल।
देख चकाचक माल, नहीं पॉकिट में कौड़ी,
बरफी, पेड़ा, खुरचन, खस्ता गरम कचौड़ी।
कहँ 'काका कवि' **'मुँह से लार'** टपकती ऐसे,
रसगुल्लों से रस टपका करता है जैसे।

एम.काम. बाबू हुए, मिला न कोई काम,
शादी के बंधन बँधे, **'मुँह पर लगी लगाम'**।
मुँह पर लगी लगाम, दुखी हैं दूल्हे राजा,
'मुँह मीठा' करवाओ सब कर रहे तकाजा।
पत्नी की फ़रमाइश, ज़ोर पकड़ती जायँ,
मन में आता, दुलहिन को वापस दे आयँ।

भ्रष्टाचारी हौज में, साहब मारें मौज,
आगे-पीछे **'मुँह लगे'**, चमचों की है फ़ौज।
चमचों की है फ़ौज, सुरा में डूबे रहते,
'मुँह काला', दिल काला, फिर भी उजले लगते।
आत्म-प्रशंसा करते-करते नहीं अघाएँ,
'अपने ही मुँह आप मिया मिट्ठू' बन जाएँ।

कन्या अश्रु बहा रहीं, परेशान माँ-बाप,
काले नोट दहेज में, सरक रहे चुपचाप।
सरक रहे चुपचाप, उदासी मुँह पर छाई,
दिन दूनी बढ़ रही, लड़कियों की लंबाई।
बेटे वालों का लालच हो कैसे पूरा,
'मुँह माँगा' दे दें तो घर हो जाए घूरा।

पुजते मूर्ख-समाज में, ऊँची इनकी शान,
'ऊँचा मुँह' करके चलें, सबको नीचा जान।
सबको नीचा जान, दक्षिणा लंबी लेते,
नेत्र बंद कर **'मुँह में आया'** सो कह देते।
भविष्यवाणी का छोड़ें, नित नया पटाखा,
किंतु कभी सच्ची न हुई इनकी **'मुँह भाखा'**।

तीर चलाकर इश्क़ के, बजा रहे हैं गाल,
खुद को हीरो समझते, **'मुँह मसूर की दाल'**।
मुँह मसूर की दाल, लाड़ले मुन्ना बाबू,
'मुँह बक्कू' हैं, नहीं ज़रा भी **'मुँह पर काबू'**।
कहँ 'काका' कवि छोड़ो नारी का **'मुँह तकना'**,
उससे पहले **'शीशे में मुँह देखो अपना'**।

साली से मिलने चले, टैंथ फेल अमिताभ,
बाँध टकटकी ले रहे, **'मुख-दर्शन'** का लाभ।
'मुख-दर्शन' का लाभ, करें अश्लील इशारे,
साली अंदर भाग गई लज्जा के मारे।
फिर आओ तो लालाजी अपना **'मुँह धोकर'**,
'औंधा मुँह' हो जाए, लगें भैया की ठोकर।

पहलवान **'मुँहफट्ट'** हो, अथवा हो गंभीर,
'मुँह देखी' तारीफ से, पुलकित होय शरीर।
पुलकित होय शरीर, चुनौती देता जिसको,
व्यर्थ नहीं **'मुँह लगे'** चित्त कर देता उसको।
जिसके **'मुँह पर मूँछें'** हों वह हाथ मिलाए,
वरना कभी अखाड़े में **'मुँह नहीं दिखाए'**।

काकी ने **'मुँह फुलाया'**, घर में हुई अशांति,
'मुँह सीकर' हम खड़े हैं, अपराधी की भाँति।
अपराधी की भाँति नहीं मन सकीं मनाए,
'अपना-सा मुँह' लेकर, काका वापिस आए।
जितने माँगे, उन्हें थमा दो उतने पैसे,
विहंस उठेंगी, **'मुँह से फूल झड़ रहे'** जैसे।

हो जाते हैं शांत तब, बड़े-बड़े **'मुँह जोर'**,
जब भौंके तब फेंक दो, टुकड़े उनकी ओर।
टुकड़े उनकी ओर, **'खून मुँह से लग जाए'**,
ऐसे हिंसक हत्यारे से कौन बचाए।
समझदार, बचते हैं उससे भय के मारे,
कैसे पूछें, **'मुँह में कितने दाँत तुम्हारे'**।

मंत्रीजी के पुत्र की, शादी पर सब मौन,
कुल कितना धन व्यय हुआ, **'खोल सके मुँह कौन'**।
खोल सके मुँह कौन–धन्य है अपना नेशन,
तीन लाख का ब्याह, चार के प्रैजेंटेशन।
छम-छम करती, लाज-लजीली दुलहिन आई,
स्वर्णहार दे दिया, भेंट में **'मुँह दिखलाई'**।

प्रेमपुरी के पार्क में, डाल हाथ में हाथ,
मिस्टर मधुकर घूमते, मिस जूही के साथ।
मिस जूही के साथ, वहीं टकराए पापा,
'मुँह पीले पड़ गए', अचानक मारा छापा।
क्योंरी, इस लड़के से क्या रिश्ता है तेरा,
पापाजी, यह **'मुँह बोला भाई'** है मेरा।

बात कहें **'मुँह सोहती'**, बनकर जिगरी यार,
मन के भीतर द्वेष है, **'मुँह के ऊपर'** प्यार।
मुँह के ऊपर प्यार, अहिंसा के अवतारी,
सत्यपाल कहलाएँ, किंतु हैं भ्रष्टाचारी।
तुलसी की माला, मस्तक पर तिलक जमाए,
रखते **'मुँह में राम बगल में छुरी'** दबाए।

काका, तुमने छीन ली, मेरे **'मुँह की बात'**,
आज हुए विख्यात जो, कल तक थे कुख्यात।
कल तक थे कुख्यात, बात जन-हित की करते,
'मुँह पर थू-थू' होय, नहीं निंदा से डरते।
गंगाजी में बहा रहे हैं, गंदा नाला,
किससे, कैसे कहें, लगा है **'मुँह पर ताला'**।

झुका दिया **'मुँह बनाकर'**, काकी जी को शीश,
'मुँह ढककर' हम सो गए, छंद हो गए बीस।
छंद हो गए बीस, अधिक **'मुँह नहीं बजाएँ'**,
लंबी कविता हूट होय तो **'मुँह की खाएँ'**।
मुहाविरे हैं बहुत, कृपा काका पर कीजे,
'सच्चे मुँह' से पाठक, प्रतिक्रिया लिख दीजे।

और अब तुम भी मुँह चलाना छोड़कर, उन जिज्ञासुओं के मुँह देखो, जो हमारे तुम्हारे मुँह की ओर ताक रहे हैं अर्थात् प्रश्न प्रारंभ–

प्र०–प्रेमिका के नयनों के तीर से दिल घायल हो गया है, इलाज बताइए?

उ०–दोस्त दिल के ज़ख़्मों पर क्या लगाएँगे मरहम,
दोस्तो को क्या मालूम, ज़ख़्म कितने गहरे हैं।

प्र०–बाढ़ या सूखा पीड़ितों की सहायता तो सरकार करती है, पत्नी-पीड़ितों का मददगार कौन है?

उ०–सूखे भूखे की सहायता करती है भोजन की थाली,
पत्नी-पीड़ित की पीड़ा को हर सकती हैं सलहज साली।

प्र०–कमरे में पंखा लगा हुआ है, लेकिन बिजली नहीं आती, क्या करें?

उ०–घबराइए मत उस समय यह आजमाइए,
पंखे के नीचे बैठकर गर्दन हिलाइए।

प्र०–यदि कोई लड़का कुछ दिन प्रेम करके लड़की को छोड़ दे तो?

उ०–ऐसे प्रेमी पूत का यह इलाज है नेक,
जिस दिन वह दूल्हा बने, मारो चप्पल फेंक।

प्र०–दोस्त से दोस्ती निभाई लेकिन मतलब निकल जाने पर हमको भूल गया।

उ०–सोच समझकर 'लव' करो मतलब का संसार,
स्वारथ पूरा होय तब, ठोकर मारें यार।

प्र०–सुना है गर्मियों में आप कवि-सम्मेलनों में नहीं जाते तो फिर उन दिनों क्या करते हैं?

उ०–मंसूरी में उन दिनों लेते हैं हम 'रैस्ट',
हास्य बैटरी चार्ज का यही तरीका 'बैस्ट'।

प्र०–देने वाले किसी को गरीबी न देना, मौत देना पर बदनसीबी न देना।

उ०–किसी को बीमारी टी.बी. न देना,
कड़ाकू लड़ाकू सी, बीबी न देना।

प्र०–आजकल इंसान अधिकतर किससे डरते हैं?

उ०–बीबी डरें मुटापे से, बाबू डरें बुढ़ापे से,
टैक्स-चोर या भ्रष्टाचारी डरते रहते छापे से।

प्र०–आजकल कौन-सा फिल्म स्टार टाप पर है?

उ०–इसका उत्तर सहज है, कहने से क्या लाभ,
हीरों में हीरो सुपर, प्रिय बच्चन अभिताभ।

प्र०–दिल पर काबू नहीं रखा जा सके तो?

उ०–नहीं रख सके दिल पर काबू, कामदेव को कैसे दाबूँ,
दस बच्चों के फादर बनकर परेशान अधबूढ़े बाबू।

प्र०–सवाल पूछने में बुद्धि चाहिए या उत्तर देने में?

उ०–प्रश्न करने आपकी सी अक्ल हमको चाहिए,
काकी हो यदि पास में उत्तर भी अच्छा पाइए।

प्र०–आपका जन्म कब हुआ, शादी कब हुई और पहला बच्चा?

उ०–सन् छह का तो जन्म है, छब्बिस में था ब्याह,
पहला बच्चा पेट में, मिली तीस में थाह।

प्र०–क्यों काका, वास्तव में भगवान हैं भी या वैसे ही शोर मचा रखा है?

उ०–हो चाहे वह नहीं हो, रहो नवाते माथ,
इसी युक्ति से रहेंगे, लड्डू दोनों हाथ।
लड्डू दोनों हाथ, न हो तो क्या कर लेंगे?
हुए अगर तो नास्तिक को उल्टा कर देंगे।

प्र०–लड़कियाँ प्रायः अपने हाथ में रूमाल लिए हुए क्यों रहती हैं?

उ०–छेड़े उनको मार्ग में यदि कोई मुँह फट्ट,
नाक काट, रूमाल से पोंछ देयंगी झट्ट।

प्र०–किसी नेता को कुत्ता काट जाए तो?

उ०–कुत्ते को ले जाइए अस्पताल एटवंस,
डाक्टर से लगवाइए चौदह इंजैक्शंस।
चौदह इंजैक्शंस नहीं यदि लगवा पाएँ,
तो कुत्ता जी भाषण दे देकर मर जाएँ।

प्र०–अगर आपको फिल्म निर्माता बना दिया जाए तो पहले कौन-सी फिल्म बनाएँगे?

उ०–काँग्रेस की विजय से हुआ हमें यह इल्म,
किस्सा कुर्सी का बने, होय सुपर-हिट फिल्म।

प्र०–चंद्रमा में खाई खड्डे होते हुए भी वह इतना सुंदर क्यों लगता है?

उ०–आकर्षक सुंदर लगे सदा दूर के ढोल,
अधिक निकट मत जाइए, खुल जाएगी पोल।

प्र०–सावन के अंधे को हमेशा हरियाली दिखती है तो नेता को?

उ०–चश्मा हरियल रंग का नेता को दे शांति,
सूखा में भी दिखेगी, उसको हरियल क्रांति।

प्र०–आपके पास ढेर सारे कारतूस हैं क्या आपने लाइसेंस ले रखा है?

उ०–प्रश्न सरल या सख्त हो, कर देते विध्वंस,
काव्य-कलम बंदूक है, चले बिना लैसंस।

प्र०–लकड़ी जलकर कोयला हो जाती है तो दिल जलकर क्या होता है?

उ०–लकड़ी जल कौला हुई, कौला जलकर राख,
विरही दिल ऐसा जला, कौला हुआ न राख।

प्र०–आदमी अपने को तीसमार खाँ कब समझने लगता है?

उ०–तीस महीने से अधिक चली एक सरकार,
तीसमार खाँ बन गया चुन्ना चौकीदार।

प्र०–अगर शर्म नाम की चीज़ इंसान से दूर चली जाए तो?

उ०—हमसे पूछा कि कभी शर्म तुमको आती है,
आती है मगर दाढ़ी को देख लौट जाती है।

प्र०—भारतीय झंडे में केसरिया रंग हिंदुओं का, सफेद ईसाइयों का और हरा मुसलमानों का है तो सरदारों का?

उ०—तीन रंग उन तीनों के हैं नीचे लंबा डंडा है,
सरदारों के इस डंडे पर खड़ा देश का झंडा है।

प्र०—ज़िंदगी में साथी मिल जाते हैं परंतु मौत का साथी कोई क्यों नहीं होता?

उ०—ज़िंदगी में क्या रक्खा शरीर तो अनित्य है,
मृतक संग भी चले, राम नाम सत्य है।

प्र०—हीर-रांझा, लैला-मजनूं, शीरीं-फरहाद प्रेम के चक्कर में अमर हो गए। आजकल के प्रेमियों को कोई नहीं पूछता?

उ०—प्रेम प्रीत में हो गए, यह जोड़े बरबाद,
रिस्क उठाओ इश्क की, करें तुम्हारी याद।

प्र०—अमीर से होती है, गरीब से होती है, दूर से होती है, पास से होती है क्या?

उ०—यह तो उनका दिल ही जाने, असली नकली या थोथी है,
सबके ऊपर चिपक जाए जो चीज़ नमस्ते वह होती है।

प्र०—सुख आता है क्षणों को, दुख मिलता दिन रात,
चिंतन से चित दुखी है, सूख रहा है गात।

उ०—जब-जब सुख जितना मिले, कर लीजे स्टाक,
उसे ब्लैक में बेचिए, दुख हो जाए हलाक।

प्र०—चरक पढ़ा, सुश्रुत पढ़ा, पढ़े निघंटुक चार,
चर्म रोग हटता नहीं, कौन पाप की मार।

उ०—क्षय हो जाने दीजिए, पिछले सारे पाप,
चर्म रोग तब शर्म से भागे अपने आप।

प्र०—आग से खेलने पर हाथ जल जाता है तो हसीनाओं से खेलने पर?

उ०–खतरनाक वे आग से अधिक खुदा की कस्म,
सुंदरियों के खेल में दिल दिमाग हो भस्म।

प्र०–कुत्ते की पूँछ हमेशा टेढ़ी ही क्यों रहती है? डालकर लोहे की पाइप में उसे सीधा कर सकते हैं क्या?

उ०–कोशिश करके थक गए, हासिल हुआ न कुच्छ,
पाइप टेढ़ी हो गई, सीधी हुई न पुच्छ।

प्र०–आजकल लड़कियों के बाल छोटे क्यों होते जा रहे हैं?

उ०–लड़के लंबे बाल रख, चलें जनानी चाल,
इस जवाब में लड़कियाँ, रक्खें छोटे बाल।

प्र०–अगर काकी रूठ कर भाग जाए तो?

उ०–अपनी हँसमुख लेखनी, उनका गर्म दिमाग,
भाग जायँ यदि रूठकर जागें अपने भाग।

प्र०–औरत खामोश कब रहती है?

उ०–प्रश्न ग़लत है आपका, है हमको अफ़सोस,
उसको औरत मत कहो जो रहती खामोश।

प्र०–मुरझाए हुए फूल की अंतिम अभिलाषा क्या होती है?

उ०–पुनर्जन्म में विधाता नई जवानी देयँ,
बाँह गले में डालकर कलियाँ चुंबन लेयँ।

प्र०–काकाजी आप कौन सा घी खाते हैं जो 81 वर्ष की उम्र में भी स्वस्थ मस्त हैं?

उ०–क्यों काका की हैल्थ पर ईर्ष्या करते आप,
घी खाते हैं नित्य प्रति, असली टुनटुन छाप।

प्र०–यदि आपको नर से नारी बना दिया जाए तो?

उ०–दिखलाकर के त्रियाहठ सत्ता पर अड़ जायँ,
सब मर्दों को हटाकर कुर्सी पर चढ़ जायँ।

प्र०–रात कटती नहीं तनहाई में, दिन गुजरता नहीं जुदाई में।

उ०–लूटमार चहुंदिशि चली, तुम क्यों हो बेकार,
रेल लूटिए रात को, दिन में मोटर कार।

प्र०–काका जी, अब आपके सही सलामत दाँत कितने हैं?

उ०–ओल्ड दाँत सब गिर गए, कृपा करी जगदीश,
नए-नए फिर से उगे, हैं पूरे बत्तीस।

प्र०–सभी को कोई न कोई कष्ट होता है, आपको क्या कष्ट है?

उ०–काकी बूढ़ी हो गई, यही एक है कष्ट,
धन्यवाद दें हम उसे, करे कष्ट को नष्ट।

प्र०–काकी से आप कुछ बातें छिपाकर भी रखते हैं क्या?

उ०–है अपनी इक प्रेयसी, पका पिलपिला आम,
काकी को उसका कभी नहीं बताते नाम।

प्र०–आजकल के विद्यार्थी कौन-सी राह पर चल रहे हैं?

उ०–पढ़ना-लिखना हैल्थ का करता सत्यानाश,
नकल करो हो जाउगे फर्स्ट डिवीजन पास।

प्र०–सन् 1981 का 'काका हाथरसी पुरस्कार' कौन से हास्य कवि को दिया है?

उ०–बंबई बिड़ला मंच पर 20 मार्च शनिवार,
हुल्लड़ जी को दे दिए रुपए दस हज्जार।

प्र०–मेरी प्रेमिका के पत्र आते हैं तो उनके ऊपर डाक टिकिट उतरे हुए क्यों होते हैं?

उ०–चाट-चाट कर प्रेमिका टिकटें चिपका देय,
दूजा प्रेमी बीच में, टिकटों का रस लेय।

प्र०–आप होली के दिन कविताओं का प्रयोग करते हैं या रंगों का?

उ०–शुभ दिन आने दीजिए होते क्यों ग़मग़ीन,
होली पर हो जायंगी, सब कविता रंगीन।

प्र०–सफ़र में मन बहलाने के लिए पत्रिका रखनी चाहिए या प्रेमिका?

उ०–आवश्यक दोनों अदद, सदा राखिए साथ,
पहलू में हो प्रेमिका, फिल्म पत्रिका हाथ।

प्र०–हमें प्यार करना नहीं आता, क्या करें हम?

उ०–नित्य सिनेमा देखिए, सीख जाओगे प्यार,
जान हथेली पर रखो, प्यार तेग की धार।

प्र०–यदि जीवन-मरण भगवान के हाथ में न होकर आपके हाथ में होता तो आप क्या करते?

उ०–दे देता मैं हाथ में, युवकों के हथियार,
सब बूढ़ों को मार दो, बने छात्र सरकार।

प्र०–आपकी एक पुरानी गर्लफ्रेंड आपका पता पूछ रही थी। अब भी आप प्रेम करते हैं क्या?

उ०–या अनुरागी चित्त की गति समझे नहिं कोय,
त्यों-त्यों डूबै प्रेमरस ज्यों-ज्यों बूढ़ौ होय।

प्र०–आपके चित्र तो देखे हैं, लेकिन साक्षात नहीं देख सका हूँ?

उ०–दीदार करने के लिए मिलता नहीं मौका,
बहला लिया करते हैं दिल तसवीर देखकर।

प्र०–चोर को काली रात और प्रेमी को चाँदनी रात भाती है तो आपको?

उ०–प्रेमी चाहे प्रेमिका, चोर चाहता माल,
नोट लिफ़ाफा देखकर कवि हो जाए निहाल।

गोष्ठी-पांच

'काका जी पिछली गोष्ठी में आपने फिल्मी कलाकारों पर गुब्बारे मारे थे, अभी तो होली का माहौल है, हो जाए कोई नई चीज़।'

'नई? बेटा हम तो अभी तक 'पुरानी' से ही चला रहे हैं काम। क्योंकि हम भी तो पुराने हो रहे हैं। जवानी के दिनों को रो रहे हैं।'

'और हम अपनी जवानी व्यर्थ में ही खो रहे हैं, आप भी कुछ कोशिश नहीं करते, कब तक रहूँ सिंगल, करवा दो डबल।'

'डबल तो तुम काफी हो और डबल हो गए तो ...खैर छोड़ो यह लफ़्फ़ाज़ी, सुनो होली की हज़ल ताज़ी।'

होली की हज़ल

जवानी हो, बुढ़ापा हो, रहो तैयार होली में,
हसीनों से किए जाओ, धकाधक प्यार होली में।

सलोनी साली-सलहज-भाभियाँ सब हो गईं आउट,
मज़ा देते नहीं अब खुरदरे रुख़सार होली में।

शक्ल काली कलूटी, पुअर ब्यूटी, आँख इक फूटी,
जवाँ हो तो वही लगती, मसालेदार होली में।

गुलाल उनके कपोलों पर लगाने कैसे जाएँ हम,
बना बैठा है उनका बाप पहरेदार होली में।

किया जब मिक्स च्यवनप्राश में ठर्रा का इक पौआ,
हमारे इश्क का इंजन भरे हुंकार होली में।

सताती याद जब उनकी तो बहलाते हैं यूँ दिल को,
दुपट्टा चूमते और चाटते सलवार होली में।

अजब हैं डाक के डाकू, करें तारीफ क्या उनकी,
दिवाली पर दिया था किंतु पहुँचा तार होली में।

है तनखा कम, लबों पर दम, गुजर होती नहीं साहब,
तो रिश्वत खा रहे हैं क्या करें लाचार होली में।

घड़ा खाली पड़ा तो क्या बुझाओ प्यास बाबूजी,
कोई छू लीजिए गर्दन, सुराहीदार होली में।

गई है मायके काकी, अकेले तड़पते काका,
करें सप्लाई टेलीफान से पुचकार होली में।

और इसी मूड में हमने देश के प्रसिद्ध कवियों पर भी कुछ दोहे लिखे हैं, उनको भी सुन लो–

हास्य-व्यंग्य के कवियों पर–

होली के हँसगुल्ले

गोपालप्रसाद व्यास

कवि हैं पत्नीवाद के, काका के उस्ताद,
'साली' बूढ़ी हो गई, फिर भी देती स्वाद।

शैल चतुर्वेदी

काया गोल मटोल है, उड़े चाँद के बाल,
बिना चरण के 'चल गई' कविता करे कमाल।

ओमप्रकाश आदित्य

'सिचुएशन' की ओट में, करें करारी चोट,
हरष रहे श्रोता सुधी, बरस रहे हैं नोट।

माणिक वर्मा

महिला हैं या पुरुष यह, अद्भुत रक्खा नाम,
व्यंग्य बाण जब छोड़ते, श्रोता करें प्रणाम।

सुरेंद्र शर्मा

राजस्थानी काव्य में, 'सरमाजी' सौ टंच,
चार लाइना बोलकर, लूट रहे हैं मंच।

हुल्लड़ मुरादाबादी

लुढ़क मुरादाबाद से, हुए बंबई सैट,
हास्य काव्य से अधिक लें, फिल्मों में इंट्रैस्ट।

सूँड़ फैजाबादी

नहीं मिले तन-बदन पर, चाहे जब तक ढूँढ़,
नाक-नक्श इंसान के, कहलाते क्यों सूँड़।

अशोक चक्रधर

काव्य मंच पर चढ़ गए, इतनी जल्दी आप,
बेटा आगे बढ़ गया, पीछे छोड़ा बाप।

गोविंद व्यास

कोई कहता हास्य है, कोई कहता व्यंग्य,
कुछ कहते वीभत्स रस, अजब अनोखा रंग।

जैमिनी हरियाणवी

फड़कदार हरियाणवी, कड़कदार आवाज़,
'इस्त्री' पर कविता लिखी, घरवाली नाराज़।

अल्हड़ बीकानेरी

बोली बेगम शकीला, पैसे कुछ भी लेउ,
'मूँगफली' पर जो लिखी, कव्वाली दै देउ।

भौंपू

शक्ल देख श्रोता हँसें, जब माइक पर जायँ,
पद्य छोड़कर गद्य में, वाह-वाह ले जायँ।

'इतने कवियों पर आपने दोहे मारे, हम रह गए बेचारे।'

'अभी तुम प्रसिद्ध हो जाओ, तब तुम पर भी लिखेंगे।'

'मेरी कविता आप सुनते ही कब हैं? पहले मेरा एक प्रश्न है उसका उत्तर दे दीजिए, आगे फिर गाड़ी चलेगी–

प्र०–लड़कियों के सभी अंग नाजुक होते हैं लेकिन दिल सख्त क्यों होता है?

उ०–लड़के ललचाते रहें देख अंग सुकुमार,
पत्थर जैसा हृदय ही उनका पहरेदार।

प्र०–पाप करते समय भी मनुष्य भगवान का नाम क्यों लेता है?

उ०–ईश्वर को इस वास्ते याद करें हम आप,
बाँट लेय भगवान भी फिफ्टी-फिफ्टी पाप।

प्र०–यदि किसी मुहल्ले में मकान किराए पर लेना हो तो क्या करना चाहिए?

उ०–शादी करके लाइए, सुंदर बीबी जान,
रंडुआ-भडुआ देखकर कोई न दे मकान।

प्र०–आपकी बत्तीसी में अब कितने दाँत शेष रह गए हैं?

उ०–यह पोशीदा राज है बेतलाएँ किस भाँत?
नेताओं की तरह हम नहीं दिखाते दाँत।

प्र०–अपनी शादी में करूँ काका को इनवाइट,
नहीं आए तो बुझ जाएगी मेरे दिल की लाइट।
उ०–मिला निमंत्रण ब्याह का दिल खुश हुआ हमार,
लाइफ भर पाते रहो, प्रिय वाइफ का प्यार।

प्र०–औरतों की गाली किन मर्दों को अच्छी लगती हैं?
उ०–रूप रंग पर हो रहे जीजाजी बलिहार,
साली की गाली लगे, रस की भरी फुहार।

प्र०–बचपन में प्यार मुफ़्त मिलता है, जवानी में चुराना पड़ता है तो बुढ़ापे में?
उ०–दिल को दिलासा देके, बुढ़ापे को काटिए,
नित सुबह शाम यार की तसवीर चाटिए।

प्र०–पत्नी को किस बहाने से उसकी माँ क़े पास भेजा जा सकता है?
उ०–दिलवा दो ससुराल से, उसको फर्जी तार,
बिटिया फौरन चली आ, तेरी माँ बीमार।

प्र०–काकीजी जब आप पर गुस्सा होती हैं तो आप क्या करते हैं?
उ०–उनको आता है प्यार पर गुस्सा, हमको गुस्से पे प्यार आता है।

प्र०–पाप और दाग़ में क्या अंतर है, काका?
उ०–दाग़ पाप का फर्क यह समझ लीजिए आप,
दाग़ छूट जाए मगर नहीं छूटता पाप।

प्र०–आधुनिक युग में सर्वाधिक कद्र किसकी है?
उ०–लाठी वाला भैंस पर रखता है अधिकार,
सत्ता जिसके हाथ में, उसकी जै-जैकार।

प्र०–यदि आप दाढ़ी कटवाकर काकी के पास जाएँ तो?
उ०–काकी को भाएँ नहीं बिना बाल के गाल,
लात मार फटकार दें, घर से देंय निकाल।

प्र०–आर.एस.एस. से कुछ लोग क्यों डरते हैं?

उ०–शाखा में ले जाएँगे प्रात:काल जगायँ,
इसीलिए तो 'संघ' से काका कवि घबरायँ।

प्र०–मेरे सामने वाली खिड़की में एक चाँद का टुकड़ा रहता है?

उ०–ऊबड़-खाबड़ चाँद है मारी एक छलाँग,
खतरे में पड़ जाउगे, टूट जाएगी टाँग।

**प्र०–शीशी भरी गुलाब की पत्थर पै फोड़ दूँ,
काका तुम्हारी याद में पढ़ना भी छोड़ दूँ।**

उ०–लिखना भी छोड़ देना पढ़ना भी छोड़ना,
बनके नकलची, क्लास में चढ़ना न छोड़ना।

प्र०–फूल डाल पर अच्छा लगता है या बाल पर?

उ०–लाली के जूड़े चढ़े फूल-फूल मुसकाय,
डाली पर हो बोरियत, सूख-सूख मुरझाय।

प्र०–सफल नेता किसे कहते हैं?

उ०–नेता वही महान जो, भागे वोट बटोर,
पहले मीठा मुलायम, पीछे बने कठोर।

प्र०–सच्चाई की कमाई और बुराई की कमाई में क्या फर्क है?

उ०–बिलखते भूख से बच्चे, भलाई की कमाई से,
इलैक्शन जीत आए वे, बुराई की कमाई से।

प्र०–दोस्ती का तकाज़ा कब महँगा पड़ जाता है?

उ०–जब माँगे तब दोस्त को दे दीजे कुछ कर्ज़,
करो तकाज़ा, दोस्त की बदल जाएगी तर्ज़।

**प्र०–भेज रहे हैं प्रश्न यह एक आपके पास,
शिशु रोता क्यों जन्म से नहीं सुनाता हास?**

उ०–हँसना-रोना खो जाएगा इक दिन ऐसा आएगा,
पैदा होते-होते बच्चा फिल्मी गीत सुनाएगा।

प्र०–आप काकी से उतना ही प्यार करते हैं जितना मजनूं ने लैला से किया था?

उ०–कुछ दिन वैसा ही चला, उनसे अपना प्यार,
उस ढर्रे के प्यार पर अब पड़तीं फटकार।

प्र०–जब बिजली जलती है तो मीटर चलता है, जब दिल जलता है तो क्या चलता है?

उ०–बिजली से मीटर चले, सारंगी से राग,
दिल जलने के साथ ही दौड़ लगाय दिमाग।

प्र०–काकाजी, परोपकार का महत्त्व बताइए?

उ०–नशाबंद, नसबंद थे दोनों ही उपकार,
इनका यह बदला मिला, पलट गई सरकार।

प्र०–आपकी दाढ़ी नकली है या असली?

उ०–लटका करके आइए अपनी जुल्फ हुजूर,
खींचतान दोनों करें, शंका होवे दूर।

प्र०–काकी जी आपसे उम्र में कितनी छोटी हैं?

उ०–ऊँची-नीची उम्र पर हम क्यों करें विवाद,
चावल जितने पुराने, उतना ही दें स्वाद।

प्र०–उड़ती हुई पतंग को देखकर क्या आपका भी मन पतंग उड़ाने को चाहता है?

उ०–पतंग काकी उड़ाती है काका कनकौआ,
प्यार के पेंच बुढ़ापे में मज़ा देते हैं।

प्र०–यदि आकाश में तारे नहीं होते तो क्या होता?

उ०–चार दिनों की चाँदनी है प्रसिद्ध यह बात,
विरहिन कैसे काटती तारे गिन-गिन रात।

प्र०–प्यारे काका सच्चे दोस्तों की क्या पहचान है?

उ०–तरह-तरह के दोस्त हैं, भाँति-भाँति के यार,
दो यारों की दोस्ती से टूटी सरकार।

प्र०–आपकी पुस्तकें कितनी हैं, कहाँ मिलेंगी?

उ०–पुस्तक अट्ठाइस हुईं, हास्य-व्यंग्य नवनीत,
मिल जाएँगी हाथरस केयर ऑफ 'संगीत'।

प्र०–मुहब्बत करने वालों को तड़पना कब पड़ता है?

उ०–प्रेमीजी का उस समय दिल दिमाग कुढ़ जाए,
फँसी हुई चिड़िया अगर पिंजरे से उड़ जाए।

प्र०–इस दुनिया में सीधे-सादे ईमानदार व्यक्ति गरीब क्यों रह जाते हैं?

उ०–भ्रष्टाचारी बन गए जब नेता श्रीमान,
बिना मौत के मर गया, कलियुग में ईमान।

प्र०–कुछ आधुनिक लड़कियाँ लड़कों को फँसाने की चेष्टा क्यों करती हैं?

उ०–पिता गरीबी से ग्रसित नहिं दे सके दहेज,
'लव मैरिज' की आड़ में पति कर ले एंगेज।

प्र०–फिल्मों में हिंसा सैक्स की भरमार कब तक चलती रहेगी?

उ०–हिट होती हैं आजकल, इसी तरह की फिल्म,
धन बटोरने का यही, सर्वश्रेष्ठ है इल्म।

प्र०–माशूका मेरी, मगर दोस्त उसे उलझाय,
प्रश्न हमारा शीघ्र ही देउ आप सुलझाय।

उ०–माशूका वह आपकी छोड़ो यह अभिमान,
पुण्य प्राप्त हो जाएगा, करो दोस्त को दान।

प्र०–आजकल जो अराजकता फैल रही है, इसका इलाज?

उ०–फौजी शासन दे सके, गुंडों को कुछ सीख,
या एमरजेंसी इसे, कर सकती है ठीक।

प्र०–चिकनी जमीन पर पैर फिसलता है तो चिकनी शक्ल पर?

उ०–चिकनी-चुपड़ी सुरत पर मारे इश्क छलाँग,
औंधे मुँह आशिक गिरे, टूट जाएगी टाँग।

प्र०–रूठे हुए रब को मनाना आसान है, किंतु रूठे हुए दोस्त को मनाना कठिन क्यों है?

उ०–दोस्त और दुश्मन सभी, रब के लिए समान,
दिलबर के दिल में छिपे, बदले के अरमान।

प्र०–काकाजी मैं आपके समान शक्ल और अक्ल कैसे प्राप्त करूँ?

उ०–कविताएँ ऐसी लिखो, मिले हास्य भरपूर,
फिर दाढ़ी रख लीजिए, हो जाओ मशहूर।

प्र०–ठाकुर की पूजा करते समय घंटा-घंटी क्यों बजती है?

उ०–सोते अथवा ऊँघते, हों शायद भगवान,
घंटा की आवाज़ सुन, देंय भक्त पर ध्यान।

प्र०–पुराने लोग घोड़े पर पत्नी को आगे बिठाते थे, अब स्कूटर वाले पीछे क्यों बिठाते हैं?

उ०–पहले जैसा प्रेम अब नहीं किसी को भाय,
यदि गिरकर मर जाए तो और नई आ जाय।

प्र०–काकाजी, हम आपका निवासस्थान देखना चाहते हैं?

उ०–चले आइए हाथरस, देखो चित्र-विचित्र,
लेकिन काकी को नहीं, दिखा सकेंगे मित्र।

प्र०–लोहे से लोहा कटता है तो दिल किससे कटता है?

उ०–ज़हर-ज़हर को मारता, लोहा काटत लोह,
दिल को काटे दिल जला, होता तुरत बिछोह।

प्र०–इश्क, मुहब्बत और प्यार में क्या फर्क है?

उ०–प्यार, मुहब्बत निकट से दूरी से हो इश्क,
मम्मी-पापा सूँघ लें तो बढ़ जाए रिस्क।

प्र०–प्रश्नों के उत्तर आप कहाँ-कहाँ से ढूँढ कर लाते हैं?

उ०–प्रश्न आपके होंठ पर, काका को दिख जाए,
टपके उत्तर जीभ से, कागज पर लिख जाए।

प्र०–सोते समय किसी-किसी औरत का मुँह फटा हुआ क्यों रहता है?

उ०–मुँह का फाटक खोलकर सोती मिस इकबाल,
मम्मी उसमें प्यार से, रसगुल्ला दें डाल।

प्र०–मैं आपका शिष्य बनना चाहता हूँ, गुरु-दीक्षा देंगे क्या?

उ०–रिस्क बहुत है आजकल, करिए हमको माफ़,
चेला, गुरु को मूँड़ कर दाढ़ी कर दे साफ।

प्र०–सूरज के ढलने पर शाम होती है तो हुस्न के ढल जाने पर?

उ०–बचपना रहता नहीं, छल अकल आने के बाद,
खत्म होते ठसक-ठस्सा, हुस्न ढल जाने के बाद।

गोष्ठी–छः

क्या हो गया किलोल, आज मुँह लटकाए आ रहे हो?'

'काकू, बना-बनाया काम हो गया फेल।'

'कैसे?'

'ऐसे कि हमारी ननसाल के कुछ लोग, हमारी शादी के लिए आए थे।'

'क्या हुआ फिर?'

'दुष्ट निकले सब, एक लड़के को लड़की का ड्रैस पहनाकर हमें उल्लू बना गए।'

'उल्लू तो तुम पहले से ही हो, उसके नांक-नक्श से ही तुमको मालूम हो जाना चाहिए था कि यह लड़का है या लड़की।'

'अजी, वह लड़का था नौटंकी तथा रास मंडली का निकला हुआ, जनानी अदा देखकर हम फँस गए।'

'तो आगे क्या हुआ?'

'हुआ क्या? उनकी हमने ख़ूब ख़ातिरदारी की। पाँच व्यक्ति 50 रुपए की मिठाई खा गए।

'फिर पता कैसे चला?'

'भंडा फोड़ तब हुआ, जब ओढ़ना सम्हालते हुए उसकी नकली चोटी (विग) गिर पड़ी।'

'हमने कहा– यह क्या?'

'एक उसका साथी बोला, इसके बाल बीमारी में झड़ गए थे इसलिए नया चुटीला लगा लिया है।'

'हमको गंजी लड़की नहीं चाहिए क्षमा करें आप लोग। तब उस लड़की रूपा लड़के को भी हँसी आ गई, कहने लगा नमस्ते करता हूँ, कविजी। आप बहुत से श्रोताओं को बेवकूफ बनाते रहते हैं, आज हमने साक्षात् कविता दिखा दी आपको।'

'हम ही-ही करते रह गए और वे सब हो-हो करके चले गए।'

'खैर बेटा, पचास रुपए पर ही बीती, वरना आगे बहुत ख़तरा बढ़ जाता। देखो, किलोल बुरा मत मानना, मेरी राय है, तुमको शादी नहीं करनी चाहिए।'

'क्यों?'

'अरे भई, शादी करोगे तो बच्चों की पल्टन तैयार हो जाएगी। तुम्हें मालूम है हमारे देश की जनसंख्या 95 करोड़ के पास पहुँच गई है!'

'तो मेरी शादी से ही क्या प्रलय हो जाएगी?'

'बूँद-बूँद से तालाब भर जाता है बेटा, तेरी जीभ ले रही है लपेटा, तू अपने ऊपर कंट्रोल नहीं रख पाएगा। प्रतिवर्ष एक बच्चा बनाएगा। तुझको मालूम नहीं हमारी सरकार शीघ्र ही नई घोषणा करने वाली है। 10 वर्ष के लिए विवाहों पर लगने वाला है प्रतिबंध।'

'तो फिर घोषणा से पहले ही मेरा कल्याण करा दीजिए भगवन्।'

'फिर वही बात! सुनो तात, एक कविता द्वारा तुमको बताते हैं कि विश्व में क्या-क्या परिवर्तन होंगे, जो परिवार नियोजन पर ध्यान नहीं देते सिर पकड़ कर रोएँगे।'

विश्व-क्रांति

दीपावली पर
ताश के पत्ते फेंटते हुए,
पत्रकार श्री घनचक्कर जी
कहने लगे–
    डियर काका,

    यदि आपको बना दिया जाए
    इंडिया का आका
    यानी तानाशाह तो?

हमने नकली दाँत चमकाते हुए
प्रसन्न मुद्रा में कहा–
    तानाशाह!
    वाह-वाह बेटे घनचक्कर,
    तुम्हारे मुँह में एक किलो डालडा,
    दो किलो शक्कर।

लेकिन दोस्त,
सिर्फ हिंदोस्तान के
शासन से नहीं होगी हमारी तसल्ली।
मजा तो तब आएगा,
जब सारे विश्व का प्रशासन,
आ जाए हाथ में,
तुम भी रहोगे साथ में!
जनसंख्या की वृद्धि–
सारे संसार को तबाह कर रही है,
महँगाई से जनता आहें भर रही है।
सर्वप्रथम अपने देश का करेंगे उद्धार,
सारे वैद्य-डाक्टरों को करा देंगे गिरफ्तार।
किसी को मरने ही नहीं देते मेरे यार!
बंद कर दी जाएगी
अस्पतालों की ग्रांट,
उनमें लगाए जाएँगे
गोबर गैस के प्लांट।
एंड आई वांट–
समस्त रेलवे स्टेशनों के सिगनल उखाड़कर
फेंक दिए जाएँगे,
रेल गाड़ियाँ एक ही लाइन पर
फ्रीस्टाइल चलाई जाएँगी,
मिसिज़ एक्सप्रेस मिस्टर तूफानमेल को गले लगाएँगी।
एक्सीडैंट से पहले ही ड्राइवर भाग जाएगा,
गार्ड आखिरी डिब्बे में सुरक्षित रहकर
मीठी-मीठी सीटी बजाएगा।
मुसाफिरों से भरे हुए डिब्बे,
पुल से उछल कर नदी में मारेंगे गोते।

बड़े-बड़े तीसमार खाँ तैराकों के उड़ जाएँगे तोते!
फिर, जनता को उल्लू बनाने के लिए-
जाँच आयोग बैठाएँगे,
सौ मरेंगे, दस बताएँगे।
सनसनीखेज अफवाहों द्वारा,
कराए जाएँगे दंगे,
पुरस्कृत होंगे हत्यारे-गुंडे-लफंगे।
मेरे शासन में-
अहिंसा परमोधर्म की बजाय-
हिंसा परमोधर्म की नारेबाजी होगी
सरेआम,
बूढ़ा मरे या जवान,
हमको हत्या से काम!
कहीं तूफान, कहीं भूकंप,
कहीं बाढ़, कहीं सूखा,
डौंट केअर,
कोई डूबकर मरे या भूखा।
आसमान में विमानों की कुश्ती कराई जाएगी,
जो पायलट सर्वाधिक जहाज नष्ट करेगा,
उसे 'हत्या भूषण' की पदवी से
सम्मानित किया जाएगा।
फेल हो गए लूप और निरोध,
जमकर करेंगे इनका विरोध।
बच्चे 2 या 3 की आवाज,
सत्यानाश के बीज बो गई है,
देश की जनसंख्या 95 करोड़ हो गई है।
हमारा नारा होगा-
    'बच्चा न बच्ची, नींद आए अच्छी।'

विवाह की उम्र–
लड़के की सिक्स्टी, लड़की की फिफ्टी।
शादी के बाद भी धारण करना होगा
ब्रह्मचर्य अखंड,
फिर भी कुछ हो गया तो मृत्युदंड।
निस्संतान रहकर
जीवन को वानप्रस्थी साँचे में ढालिए,
वात्सल्य के कीटाणु कुलबलाएँ
तो कुत्ते के पिल्ले पालिए।
इस प्रकार मनोजकुमार की 'क्रांति',
और लोकनायक की 'समग्र क्रांति'–
के ऊपर चढ़कर नृत्य करेगी
हमारी विश्व क्रांति,
ओम् अशांति अशांति अशांति।
भारत के बाद अन्य देशों की समस्या,
न्यूट्रान बम से हो जाएगी क्लियर।
तब तक पपलू की एक बाज़ी
और हो जाए डियर!

प्र०–जुल्फों को देख करके बेहोश हो गए हम,
हाय, इंतजार करते-करते ही सो गए हम।

उ०–तेरी जब आँख खुल जाए तो इतना काम कर देना,
मेरी जुल्फों को लहराकर सुबह से शाम कर देना।

प्र०–कभी-कभी दिल की बात होंठों पर आकर क्यों रुक जाती है?

उ०–बात उठें मस्तिष्क में ऊटपटाँग अनेक,
होंठों पर आए तभी लगे अक्ल का ब्रेक।

प्र०–शराब, सुंदरी और पैसा में सबसे खतरनाक कौन है?

उ०–भाग्य भोग जिसका प्रबल, उसका क्या है खोट,
हाज़िर रहते हर समय, सुरा-सुंदरी नोट।

प्र०–चुनाव के समय नेताओं के वादों में वोटर क्यों फँस जाते हैं?

उ०–मीटिंगों में बोलते, मीठा-मीठा झूठ,
कूटनीति की चाल से, लें जनता को लूट।

प्र०–काका हमारे मामले पर कीजिए कुछ गौर,
हालत खराब हो गई, शादी के बाद और।

उ०–श्रेष्ठ हालत चाहते तो काम इतना कीजिए,
हों अधिक औलाद तो नसबंद करवा लीजिए।

प्र०–हुस्न अगर इश्क से टकरा जाए तो?

उ०–ऐसे एक्सीडेंट में दोनों भरते आह,
सबसे सरल उपाय है, करलें प्रेम-विवाह।

प्र०–मेरी प्रेमिका मेरा फोटो चाहती है, भेज दूँ क्या?

उ०–साफ करा कर भेजिए चेहरे के सब दोष,
सुंदर फोटो देखकर हो जाए मदहोश।

प्र०–आपका नाम काका है, क्या आप दूध पीते बच्चे हैं?

उ०–बच्चे शीशी से पिएँ बूढ़े भरें गिलास,
युवक घड़ा भर-भर पिएँ, तब भी बुझे न प्यास।

प्र०–भगवान और इंसान में क्या अंतर है काका?

उ०–मंत्री-वोटर में दिखे, तुमको जितना फ़र्क,
ईश्वर औ' इंसान में समझो उतना फ़र्क।

प्र०–क्या दुखों का साया हर इंसान को घेरता है?

उ०–साथ-साथ सुख-दुख चलें, लाभ और नुकसान,
सर्वसुखी पाया नहीं, कोई भी इंसान।

प्र०–अगले आम चुनावों में काका के कारतूस क्या चमत्कार दिखाएँगे?

उ०–कारतूस, मतदाताओं पर जादू यह कर दें,
प्रधानमंत्री की कुर्सी पर काकी को धर दें।

प्र०–मौत भी आती नहीं, उम्मीद भी जाती नहीं,
दिल को यह क्या हो गया, कोई भी शै भाती नहीं।

उ०–नाउमीदी छोड़कर, कुछ काम कीजे सब्र से,
जब कोई कुर्सी मिले, आ जाना उठकर कब्र से।

प्र०–काकीजी का मूल्य और काका की फ़ीस क्या है?

उ०–काकीजी के मूल्य को जाने उनकी सास,
काका कवि की फ़ीस है, हास्य-व्यंग्य परिहास।

प्र०–पंडितों की मंडली में मूर्खों की क्या पहचान है?

उ०–मूरख, विद्वज्जनों के सुनकर तर्क-वितर्क,
बैठा रहता चुप्प या, करता रहे कुतर्क।

प्र०–दोस्ती क्या देखकर करनी चाहिए?

उ०–लल्लू-पल्लू छोड़कर उसे बनाओ यार,
घरवाली हो सुंदरी, निज की कोठी कार।

प्र०– मैं आपको गिफ़्ट देना चाहता हूँ किस पते पर भेजूँ?

उ०–कर लेंगे स्वीकार हम यदि कोई भी गिफ़्ट,
फिर उससे भी चौगुनी, माँगोगे तुम लिफ़्ट।

प्र०–प्रेमी-प्रेमिका को घर से भागते समय क्या करना चाहिए?

उ०–नोट और जेवर सभी लेकर के उड़ जाउ,
फूँक-फाँक सब माल को, घर वापस आ जाउ।

प्र०–गरीबी से पीछा छुड़ाने के लिए क्या करना चाहिए?

उ०–आर्ट तिकड़मी सीखकर, नेता बनो महान्,
बेशर्मी को ओढ़कर निगल जाउ ईमान।

प्र०–बंद मंदिर के द्वार पुजारी खोलता है तो दिल का द्वार?

उ०–सच्ची हो यदि प्रेमिका, खोले दिल का द्वार,
मुरझाई कलियाँ खिलें, आय बसंत बहार।

प्र०–मैं अपने दोस्त के बिना ज़िंदा नहीं रह सकता, क्या करूँ?

उ०–अलग-थलग क्यों भटकते, उठा रहे हो कष्ट,
चिपट-लिपट कर दोस्त से हो जाओ एडजस्ट।

प्र०–ग़म दूर करने की दवा शराब है, क्या यह बात सच है?

उ०–बेहोशी के दौर में कुछ क्षण ग़म खो जाय,
उतर जाए जब नशा तब ग़म दुगुना हो जाय।

प्र०–माँ के हाथ में अंडा, बाप के हाथ में डंडा तो पत्नी के हाथ में?

उ०–पत्नी आँख तरेर कर, जब बेलन दिखलाए,
अंडा-डंडा गिर पड़े, घर ठंडा हो जाए।

प्र०–छोरी गोरी अच्छी होती है या काली?

उ०–गोरी काली कुछ सही हो वह अपटूडेट,
सास-ससुर के सामने, पीती हो सिगरेट।

प्र०–ज़िंदगी का सबसे बड़ा सुख क्या है काका?

उ०–मृत्यु समय जब हो निकट, निशदिन करो विचार,
प्रधानमंत्री पद मिले, चाहे दिन दो चार।

प्र०–झूठ के दर्शन कहाँ पर अधिक होते हैं?

उ०–राजनीति के मंच पर मिलें झूठ के ठूँठ,
या फिर इनकमटैक्स में देख लीजिए झूठ।

प्र०–बेईमान को ईमान की कमाई से संतोष क्यों नहीं होता?

उ०–गीता कहती ज्ञानी को है मान और अपमान बराबर,
इसीलिए ईमानदार औ' झूठा बेईमान बराबर।

प्र०–राजमंत्रियों की भावना आजकल क्या है?

उ०—जनहित जाए भाड़ में, स्वार्थ भावना व्याप्त,
मान और अपमान तज, कुर्सी करिए प्राप्त।

प्र०—कहते हैं ईंट का जवाब पत्थर है तो पत्थर का जवाब?

उ०—सहन कर सकेगा उसे, है किसका बलबूत,
पत्थर का जो बाप है, उसको कहते जूत।

प्र०—काकाजी, गालियों का आविष्कार किसने किया?

उ०—जले भुने या तिरस्कृत ईर्ष्यालू श्रीमान,
हाथ-पैर में दम नहीं, गाली बके जुबान।

प्र०—कलियुग के बाद कौन-सा युग आएगा?

उ०—त्रेता में था राम-युग, द्वापर कृष्ण महान,
कलियुग कुर्सी-युग हुआ, चौथा अणु-युग जान।

प्र०—बीबी अच्छे नाक-नक्श वाली होनी चाहिए या गौर वर्ण?

उ०—लैला काली थी मगर मजनूँ दिया न ध्यान,
नाक-नक्श को देखकर जान करी कुर्बान।

प्र०—आजकल उन्नति करने का साधन क्या है?

उ०—लातमार सिद्धांत को, प्राप्त करो धन मान,
दलबदलू बन जाइए, छोड़ धर्म ईमान।

प्र०—प्यार है इससे, शादी करनी उससे, यह समस्या हल कराएँ किससे?

उ०—एक को पत्नी बना लो, दूसरी को प्रेमिका,
एक के सेवक बनो, दूजी बनाओ सेविका।

**प्र०—आज वे कहते हैं घबरा करके हम मर जाएँगे,
चैन मर कर भी न पाया, तो किधर को जाएँगे?**

उ०—कुर्सी के लालची हैं, क्यू में लगे रहेंगे,
अगले चुनाव आएँ, तब तक नहीं मरेंगे।

प्र०–काका-काकी दोउ खड़े, काके लागूँ पाँव?

उ०–इंद्रा शासन में हुईं काकी जी बलवान,
पाँव उन्हीं के लागिए, मिले मान-सम्मान।

प्र०–सुना है पिछले जन्म में आप धोबी थे?

उ०–न्यू दिल्ली के पास था, छोटा-सा देहात,
आप हमारे गधे थे, हम धोबी विख्यात।

प्र०–प्रेमिका के पिता और भगवान दोनों मेरे सामने हों तो क्या करूँ?

उ०–माँग लेउ भगवान से तुम ऐसा वरदान,
यह बेटी वाला मुझे, कर दे कन्यादान।

प्र०–कर्त्तव्य और प्यार, बीच दोराहे पर खड़े हों तो कौन-सा रास्ता अपनाएँ?

उ०–किस पचड़े में पड़े हो, सोच रहे क्या यार?
करतब जाए भाड़ में, करो धड़ाधड़ प्यार।

**प्र०–पढ़के लव-लैटर्स काका-काकी के उमड़ रहा है प्यार,
सोच रहा हूँ क्या दूँ काकी को उपहार?**

उ०–जो मन भाए आपके, उनके लव-लैटर्स,
दस साड़ी उपहार में भेजो शीघ्र सहर्ष।

प्र०–काकाजी कोई उपाय बताइए आप, धुल जाएँ मन के पाप?

उ०–नित्य नियम से बांचिए पुस्तक काका छाप,
लगें ठहाके हास्य के, धुलें पाप संताप।

प्र०–हुस्न का जादू कब नहीं असर करता?

उ०–एक आँख में स्वार्थ हो एक आँख में प्यार,
कुछ दिन में ही हुस्न वह, हो जाता बेकार।

**प्र०–भँवरा फूल के पास, ग्राहक दुकान के पास जाते हैं तो दिलवाली के पास
दिलवाले क्यों नहीं जाते?**

उ०–सुघड़ सुरतिया होय तो आशिक शीश नवायँ,
दिलवालों को छोड़िए, मिलवाले मँडरायँ।

प्र०–क्या आप आसमान के तारे गिनकर बता सकते हैं?

उ०–जिस विरहिन ने बिताई, तारे गिन-गिन रात,
प्रश्न उसी से पूछिए बतला दे सब बात।

प्र०–कभी-कभी दोस्त भी दुश्मन क्यों बन जाते हैं?

उ०–अपने स्वारथ के लिए करते थे जब प्यार,
मतलब पूरा हो गया, करने लगे प्रहार।

प्र०–कोई हसीना घास न डाले और हमें भूख लगी हो तो क्या करें?

उ०–वह बेसुरी हो तब भी सुरीली बताइए,
फिर चूमिए कदम, अदब से हिनहिनाइए।

प्र०–आपने बचपन के दिनों में किसी से प्यार किया था क्या?

उ०–शुद्ध प्रेम था उन दिनों, कपट रहित व्यवहार,
भैया-भाभी-बहन से, करते थे हम प्यार।

प्र०–पति अपनी पत्नी पर शक कब करने लगता है?

उ०–औरों से हँस-हँस मिले, पति पर आँख तरेर,
शक्की पति उस नारि से, लेता है मुँह फेर।

प्र०–अगर पति-पत्नी गाड़ी के दो पहिए हैं तो बच्चे?

उ०–उत्तर हमारा सुनकर दिल को तसल्ली दीजिए,
नट-बोल्ट औ' स्क्रू बच्चों को समझ लीजिए।

प्र०–काकी के बारे में आपकी भावना क्या रहती है?

उ०–फ़िल्मों की तारिका और टॉफी से प्यार तुमको,
सबको धता बताकर, काकी से प्यार हमको।

प्र०–भाग्य-भोग के बारे में आपके क्या विचार हैं?

उ०–नहीं दिखाते कुंडली, नहीं दिखाते हाथ,
हास्य व्यंग्य के रंग में, भाग्य दे रहा साथ।

गोष्ठी-सात

प्रिय जिज्ञासु प्रश्नकर्त्ताओ!

आज की गोष्ठी से कवि किलोल हो गए हैं गोल, उनकी बजाय आगरा के हास्यकवि 'शनीचरजी' आए हैं। प्रश्नोत्तर आरंभ करने से पूर्व आपको एक घटना बता दें।

गत वर्ष मसूरी पहाड़ पर हम प्रात: घूम रहे थे कि अकस्मात् ही शनीचर जी से हो गई टक्कर, हमको आ गया चक्कर क्योंकि वह दिन भी शनीचर का ही था। दुआ-सलाम के बाद आगे बढ़े तो देखा एक बैंच पर एक अत्यंत सुंदरी 60 वर्षीय बुढ़िया बैठी थी, ट्रांजिस्टर पर प्रात:कालीन भजन-कीर्तन सुन रही

थी, उसके बराबर वाली बैंच पर हम दोनों बैठ गए।

थोड़ी देर बाद हमने कहा, 'माता जी, आप कहाँ से आई हैं?'

'माताजी' संबोधन बुढ़ियाजी को नहीं भाया, कहने लगी, 'मुझे माताजी क्यों कहते हो, अभी मेरी उम्र ही क्या है, तुम तो मुझसे बड़े दिख रहे हो।'

हमने कहा, 'क्षमा करिए बहनजी, बुरा न मानें तो एक बात कहूँ? अगर आप दाँतों का सैट फिट करा लें तो फिर कोई भी आपको माता जी कहने का साहस नहीं करेगा, षोडशी जैसी लगोगी।'

इतना सुनते ही बुढ़िया कुछ मुसकाई और बैंच पर बैठे-ही-बैठे दो-तीन बार अपनी कमर लचकाई, फिर कहने लगी, 'मन तो मेरा भी करता है कि दाँत लगवा लूँ, लेकिन बहू-बेटे अड़ौसी-पड़ौसी हँसी उड़ाएँगे, इसलिए जैसे गाड़ी चल रही है, वैसे ही चलाऊँगी। आप कहाँ से आए हैं?'

'मैं काका हाथरसी हाथरस से आया हूँ और यह कवि शनीचर जी आगरा से पधारे हैं।'

'अजी वाह, आपके नाम तो मैंने सुन रखे हैं, दर्शन आज ही हुए हैं। कुछ सुनाइए?'

हमने कहा, 'शनीचर बेटे, माताजी....नहीं-नहीं बहनजी को कविता सुनाओ।'

शनीचर बोला, 'काका मैं तो इनको माताजी ही कहूँगा, क्योंकि मेरे पूज्य पिताजी ने मुझे बचपन में ही यह शिक्षा दी थी कि बेटे सभी महिलाओं को 'माताजी' कहकर पुकारा करो, तुम्हारा चरित्र जीवन-भर श्रेष्ठ रहेगा।' मैंने पिता जी से कहा, 'क्षमा करिए पापा, एक शंका यह है कि यदि सभी महिलाओं को मैं माताजी कहूँगा तो मेरा चरित्र तो बन जाएगा, आपका बिगड़ जाएगा।'

इस बात को सुनकर बुढ़िया हँस गई, हमने कहा फँस गई। उसने बड़े मनोयोग से हम दोनों की कविताएँ सुनीं। वहाँ से 'कमला कैसिल' में आकर हम दोनों ने काकी द्वारा निर्मित काफी पी, टोस्ट खाए, इसके बाद शनीचर जी बड़बड़ाए– 'काका आज सुबह जिसको हमने-आपने कविता सुनाई थी वह बुढ़िया तो थी ही, बढ़िया भी थी, इस उम्र में इतनी सुंदर है तो जवानी में क्या हाल होगा, उसका? खंडहर बता रहे हैं इमारत बुलंद थी। मन में आता है उसे मम्मी बना लूँ, क्योंकि मेरी माँ मुझे छोड़कर चली गई है। आपको यह छूट रहेगी कि कविता सुनाइए और आँखें लड़ाइए।'

'लड़ा तो लेते यार आँखें, लेकिन आपरेशन हो गया है मोतियाबिंदु का, इसलिए जब भी आँख लड़ाएँगे, चश्मा लगाना पड़ेगा। बेटा शनीचर उस बुढ़िया पर हमारे दिमाग़ में एक ग़ज़ल डाँस कर रही है, सुनोगे?'

'इरशाद-हुज़ूर।'

'इस ग़ज़ल में हमने यह भी बता दिया है, कि बुढ़ापे का इश्क़ कितना ख़तरनाक होता है–'

बुढ़ापे का इश्क़

इक फर्स्ट क्लास बुढ़िया, नज़रों में समाई है,
ग़ज़लें सुना-सुनाकर, फंदे में फँसाई है।

मुँह पोपला है प्यारा, इक आँख भी है तिरछी,
वल्ला ग़ज़ब की बरछी, अल्लाह बनाई है!

मुँह फाड़कर जम्हाई, लेती तो लगता ऐसा,
शिमला या मसूरी की खंदक है कि खाई है।

गालों पे झुर्रियाँ हैं, मख़मल पे जैसे चुन्नट,
बूढ़ी ने बूढ़े दिल की बिल्डिंग हिलाई है।

जुल्फ़ें हैं उसकी व्हाइट, नाइट में मारें लाइट,
आँगन में अँधेरा है, कमरे में जुन्हाई है।

झकझोर मेरा कंधा, बोला यूँ एक बंदा,
इस उम्र में मियाँ क्यूँ यह रिस्क उठाई है।

हमने कहा कि बेटे, तुमको नहीं तजुर्बा,
निष्काम प्रेम करने की उम्र अब आई है।

'काका' से इश्क़ करके, कोई और फ़िक्स करके,
वह भाग गई घर से, क्या प्रीति निभाई है।

छोड़े हैं तिरछे तेवर, सब ले गई है ज़ेवर,
चोरी की रपट हमने, थाने में लिखाई है।

सी.आई.डी. ने पूछा, यह इश्क़ चला कबसे?
हमने कहा कि जबसे, शनि की दशा आई है।

बोले पुलिस के आका, बोतल मँगाओ काका,
लाएँ कहाँ से साहब, यह एरिया ड्राई है।

तो फिर तुम्हारी मर्जी, हम फाड़ देंगे अर्जी,
लिख देंगे तुमने झूठी अफवाह उड़ाई है।

ग़म दे गई वो बेगम, आँसू बहा रहे हम,
समझे जिसे मलाई, चम्बल की लुगाई है!

'लेकिन काका! वह बुढ़िया ऐसी खतरनाक नहीं मालूम होती थी।'

'अरे मुन्ना, कुछ मत कहो–बड़ी खेली-खाई होती हैं बूढ़ी लुगाई, देखा नहीं था तुमने 60 वर्ष की उम्र में भी लिपिस्टिक लगी हुई थी उसके होंठों पर।'

'मैंने तो ध्यान नहीं दिया, लेकिन आप खूब पहुँचे वहाँ तक गुरु।'

'अच्छा अब छोड़ो यह इश्किया बक-बक, लड़के काफ़ी आ गए हैं–काम करें शुरू–

प्र०–कपड़े को मीटर से नापते हैं, दूरी को किलोमीटर से तो प्यार को?

उ०–पैमाना है प्रेम का, सुन लो बरखुरदार,
नयनों से नैना मिलें, नप जाता है प्यार।

प्र०–भ्रष्टाचारी की नाव कब डूबने लगती है?

उ०–मंत्रीजी से जिस समय, हो जाए खटपट्ट,
चट्टपट्ट छापा पड़े, नौका डूबे झट्ट।

प्र०–सरकार ने दस हज़ार वाले 'धारक बांड' निकाले, इस पर आपकी प्रतिक्रिया?

उ०–काला धन निकालो सब ज़मीन के तल्ले से,
मूँछों पर ताव देकर, घूमो धड़ल्ले से।

प्र०–मेरा मन अब इस दुनिया से ऊब गया है, कहाँ जाऊँ?

उ०–युग है यह विज्ञान का, काहे मन पछताय,
चले जाइए चाँद पर, मूड चेंज हो जाय।

प्र०–कोई हसीना हमसे वादा करके दूसरे से लव करने लगे तो?

उ०–गई और के पास तो, तुम क्यों करो प्रलाप?
कोई दूजी प्रेमिका, पटा लेउ चुपचाप।

प्र०–प्रश्नों के उत्तर आप लिखते हैं या काकी?

उ०–दीवानों के प्रश्न पढ़, काकी मारे सैन,
उत्तर मिले दिमाग़ से, लिखने लगता पैन।

प्र०–कोई मेरी ओर देखता है, तो मुझे गुस्सा क्यों आ जाता है?

उ०–जो देखे शुभ दृष्टि से, उसका आशिष लेउ,
बुरी नज़र से जो तके, उसके चप्पल देउ।

**प्र०–उनके ख़याल आए, तो आते चले गए,
वे जब कभी आए तो बलखाते चले गए।**

उ०–झूठन है आशिकों की, रूठन बला की है,
रस्सी तमाम जल चुकी, ऐंठन बला की है।

प्र०–बच्चा जन्म लेता है तो उसकी मुट्ठियाँ बँधी हुई क्यों होती हैं?

उ०–जैसा है यह ज़माना, वैसे जन्में लाल,
इक मुट्ठी मुक्का समझ, दूजी है हड़ताल।

प्र०–प्रेमिका के मन की बात कैसे जानी जा सकती है?

उ०–क्यों हो रहे निराश तुम, बन करके दिलबाज़,
ऐक्स-रे करवाइए, खुल जाए सब राज।

प्र०–प्रेम के बिना जीवन कैसा रहता है?

उ०–जैसे बिना करैंट के, व्यर्थ इलैक्ट्रिक तार,
सूनी है वह जिंदगी, मिले न जिसको प्यार।

प्र०–लड़की की बेवफ़ाई से लड़का गुंडा बन जाता है, तो लड़के की बेवफ़ाई से?

उ०–लड़का गुस्सा करे तो, लड़की आँख दिखाय,
यह गुंडा बन जाय तो, वह गुंडी बन जाय।

प्र०–पिताजी की मृत्यु पर दाढ़ी-मूँछें क्यों मुड़ानी पड़ती हैं?

उ०–घर-भर के आधार थे, पिता कर गए कूच,
जिम्मेदारी की नई, उगती दाढ़ी मूँछ।

प्र०–कर्मकांड करने वाला सिर पर कफ़न क्यों लपेटता है?

उ०—थोड़ा टुकड़ा कफ़न का, दे जाता है बाप,
इससे आँसू पोंछकर, रोता रह चुपचाप।

प्र०—कुँआरी को छेड़ा जाए तो थप्पड़ मारेगी, विवाहिता को छेड़ें तो?
उ०—थप्पड़ लप्पड़ छोड़कर, चप्पल स्वाद चखाय,
पति भी उसके साथ हो, तो जूते बरसाय।

प्र०—एक कुत्ते के भौंकने पर, कई कुत्ते क्यों भौंकने लगते हैं?
उ०—भौंक कम्पटीशन कहो, या कुत्ता-संगीत,
मिले फ़र्स्ट प्राइज़ उसे, होवे जिसकी जीत।

प्र०—हम आपसे कोई प्रश्न पूछें तो काकीजी नाराज़ तो नहीं होंगी?
उ०—काकी गंदे प्रश्न से, हो जाती है हार्ड,
हाय राम! कहकर तुरत फाड़ देंयगी कार्ड।

प्र०—यह खत लिखा है खून से, स्याही न समझना,
हैं कोतवाल, हमको सिपाही न समझना।
उ०—कैसा है ख़ून आपका, खत लाल ही नहीं,
स्याही ये सिपाही की है, कुतवाल की नहीं।

प्र०—यदि इंसान पाप करना छोड़ दे तो?
उ०—पाप-ताप-संताप में, फँसा आज इंसान,
मुक्ति अगर इनसे मिले, बन जाए भगवान।

प्र०—हम दोनों के लिए दो अदद लड़कियाँ बताइए?
उ०—दो लड़के दो लड़कियाँ, मिलकर हों जब चार,
धम्मक-धम्मा मचेगी, ज्यों जनता सरकार।

प्र०—आपके कारतूसों की स्पीड क्या है?
उ०—कारतूस रफ्तार से, वाकिफ़ हैं सब फ्रैण्ड,
पलक मारते, हाथरस से पहुँचे इंगलैंड।

प्र०–हरफनमौला में और आपमें क्या अंतर है काका?

उ०–हरफनमौला वही जो हर फन में हुशियार,
हम तो केवल एक फ़न, कविता के फ़नकार।

प्र०–छेड़खानी करने पर कोई लड़की चप्पल मारे तो मज़ा लड़की को आएगा या लड़के को?

उ०–बतलाते हैं आपको, अंदाज़न तादाद,
दोनों को ही प्राप्त हो, फिफ्टी-फिफ्टी स्वाद।

प्र०–मैंने अब तक जिस-जिस से प्यार किया, अधूरा ही रह गया?

उ०–प्यार किसी का आज तक, पूरा हुआ न होय,
जनता पार्टी के घटक, रहे प्यार को रोय।

प्र०–प्रेमिका रूठ जाने के बाद और भी हसीन लगे तो क्या कहेंगे?

उ०–खता साबित करेंगे अपनी, और ख़ूब छेड़ेंगे,
सुना है, उनको गुस्से में लिपट जाने की आदत है।

प्र०–भगवान को सुख में याद करना चाहिए या दुख में?

उ०–सुख में प्रभु की याद से, समय होत बरबाद,
सुख में ऐश उड़ाइए, दुख में करिए याद।

प्र०–काकी में और आपमें नोंक-झोंक चलती रहती है, तो दूसरी शादी क्यों नहीं कर लेते?

उ०–वो है बेज़ायका शरबत, न हो तुर्शी ज़रा जिसमें,
विसाले यार में भी चाहिए, तकरार थोड़ी-सी।

प्र०–प्रेमिका को दिल, मजदूरों को मिल, सरकारों को बिल तो आपको?

उ०–दिल, मिल, बिल अपने लिए, हैं सारे ढिलमिल्ल,
मज़ा हमें देती सदा, काकी की किलकिल्ल।

प्र०–काकाजी, आपकी प्रशंसा कैसे करूँ, कुछ कहते हुए डर लगता है?

उ०–पुल बाँधो तारीफ़ के, पाठक हों नाराज,
हमें प्रशंसाप्रिय कहें, तुमको मक्खनबाज़।

प्र०–अधिक ईमानदारी और ज़िद का अंत क्या होता है?

उ०–राजनीति में देख लो, है प्रत्यक्ष प्रमाण,
मुरारजी का कर दिया, जनता ने कल्याण।

प्र०–दिल्ली में पानी का घनघोर संकट क्यों आया?

उ०–आई थी जब बाढ़ तब, कहाँ छिपे थे आप,
बदला लेकर प्रकृति ने, किया बराबर नाप।

प्र०–जब दिल से दिल की टक्कर होती है, तो क्या होता है?

उ०–अग्नि निकलती रगड़ से, जानत है सब कोय,
दिल टकराए, इश्क़ की बिजली पैदा होय।

प्र०–काकाजी, आपको फिल्मों में काम दिया जाए तो?

उ०–काका अस्सी के हुए, अब क्या रक्खें आस,
कोई हीरोइन नहीं, डाले हमको घास।

प्र०–सच्चे दोस्त की पहचान बताइए काका?

उ०–स्वार्थ सधे तब तक रहे, मित्रों पर मुश्ताक,
ऊँचा आसन प्राप्त कर, दे-दें उन्हें तलाक।

प्र०–चाचा चोर, भतीजा पाजी। माल उड़ाले ताजी-ताजी?

उ०–दोनों हैं आपस में राज़ी,
क्या कर सकता मुल्ला-काजी।

प्र०–काका के हाथ में पैन, तो काकी के हाथ में?

उ०–सोच रहे थे किस तरह, पैन चले सरपट्ट,
बेलन के दर्शन हुए, कविता लिख दी झट्ट।

प्र०–चुल्लू भर पानी में डूब मरने की कहावत जितनी प्रसिद्ध है, उतनी ही असंभव क्यों लगती है?

उ०–फेल हुई यह कहावत, बदल गया युग-धर्म,
कूएँ में भी डूबकर, नहीं मरे बेशर्म।

प्र०–आपकी सर्वप्रिय दौलत क्या है?

उ०–पहली दौलत मानते, हास्य-व्यंग्य का ज्ञान,
दूजी दाढ़ी मानिए, तीजी काकी जान।

प्र०–कल्पना की उड़ान से भी तेज़ क्या है?

उ०–परेशान होकर के बोले सेठ छदम्मी,
तेज़ कल्पना बेटी से है उसकी मम्मी।

प्र०–मेरा जिगरी दोस्त अशोक मुझसे रूठ गया है, उससे ख़तोकिताबत कैसे शुरू करूँ?

उ०–क्या ख़ता हमसे हुई जो ख़त का आना बंद है,
आप ही नाराज़ हैं, या डाकख़ाना बंद है।

प्र०–आप भी मोरारजी की भाँति 'जीवन जल' पीना शुरू क्यों नहीं कर देते?

उ०–मोरारजी तो विधुर हैं, पिएँ रहें खुशहाल,
काकी ठोकर मार कर, घर से देयँ निकाल।

प्र०–गिलास टूटने से उसका काँच बिखरता है, तो दिल टूटने से?

उ०–ग्लास टूटने से फ़क़त, कुछ पैसे ही खोयँ,
दिल टूटे तो इश्क़ के, टुकड़े-टुकड़े होयँ।

प्र०–प्यार के मार्ग में ठोकर लग जाए तो क्या करें?

उ०–सुंदर ठोकर होय तो, चूम-चाट पुचकार,
बुरी होय तो एक के, बदले मारो चार।

प्र०–आधुनिक लड़कियों से सच्चा प्रेम प्राप्त क्यों नहीं होता?

उ०–गुड़ियों को अब छोड़कर, बुढ़ियों से कर प्यार,
लाड़ प्यार के साथ ही, दौलत मिले अपार।

प्र०–सरदार की पहचान तो सिर के बाल और दाढ़ी से हो जाती है, सरदारनी की पहचान?

उ०–असली वह सरदारनी, जानो बरखुरदार,
असरदार को छोड़कर, साथ रखे सरदार।

प्र०–प्रेमिका के पापा ने मुझे डाँटकर कह दिया, 'यहाँ मत आया करो', अब

उनसे क्या कहूँ काका?

उ०—महफ़िल में इस ख़याल से, फिर आ गया हूँ मैं,
शायद मुझे निकालकर, पछता रहे हैं आप।

प्र०—मैं अपनी प्रेमिका को अपना दिल दिखाना चाहता हूँ?

उ०—ऐक्सरे करवाइए, दिल के दिल का आप,
फोटो उसको दिखा दो, होय मामला साफ।

प्र०—आजकल के युवक सच्ची मुहब्बत के बजाय सैक्स पर ही अधिक ध्यान क्यों देते हैं?

उ०—शासक पार्टी लगा दे, अगर सैक्स पर टैक्स,
झड़ जाएगी मोहब्बत, उड़ जाएगा सैक्स।

प्र०—मैं शादी करना चाहता हूँ, कोई लड़की नज़र में है क्या?

उ०—बच्ची है पच्चीस वर्ष की, वह मीठी गुड़धानी है,
दोष नहीं कुछ उसमें केवल एक आँख से कानी है।

गोष्ठी-आठ

काव्य प्रेमियो,

कल की गोष्ठी में कवि शनीचरजी आए थे, वे चले गए, क्योंकि आज है इतवार। शनीचर को हम ज़्यादा नहीं हिलाते क्योंकि यह बड़ा खतरनाक ग्रह है, जिसके सिर चढ़ जाए, साढ़े सात वर्ष के लिए अड़ जाए। आज कवि वीरेंद्र

तरुण आए हैं।

पहले एक घटना तरुणजी के संबंध में है, सुन लें– बंबई कवि सम्मेलन में हम दोनों थे, वहाँ इंटरवल में एक महिला ने कहा, 'काकाजी, कल हमारे उत्तरप्रदेश में महिला सम्मेलन है, आप दोनों थोड़ी देर को आ जाएँ तो बड़ी कृपा होगी।'

'मैं तो नहीं आ सकूँगा देवी। इस लड़के (तरुण) को लिवा जाना यह 2-3 गीत महिला-समाज सुधार संबंधी सुना देगा।' वह तरुणी चली गई। दूसरे दिन तरुण ने कहा, 'काका मैं तो महिलाओं की सभा में कभी गया नहीं, वहाँ तरह-तरह की देवियाँ मिलेंगी, कैसे बात करूँगा?' (उन दिनों तरुण कवि केवल 13 वर्ष के थे)।

हमने कहा, 'बेटे, क्यों घबराते हो? महिलाओं से बात शुरू करना बहुत ही आसान है। पहले नमस्ते या नमस्कार करना, फिर पूछना आपकी शादी हो गई? वह कहे कि हो गई तो पूछना बच्चे कितने हैं? इस प्रकार बातों का सिलसिला आसानी से हो जाएगा चालू।'

तरुणजी पहुँच गए उनके सम्मेलन में। सबसे पहले एक देवी से भेंट हुई–तो इन्होंने नमस्ते करके पहले वही प्रश्न पूछ लिया, 'बहन जी आपकी शादी हो गई?' उसने कहा, 'अभी नहीं भाई साब।'

'बच्चे कितने हैं आपके?'

तरुणी ने तरुण को बेवकूफ समझकर फटकार दिया। कविजी ने समझा गलती हो गई। शायद हमारा प्रश्न उलट-पुलट हो गया। इसके बाद एक दूसरी देवी से इनकी भेंट हुई तो अपने प्रश्न को बदलकर बातें करने लगे–

'बहन जी नमस्कार।'

'नमस्कार' कहिए क्या बात है?'

'क्षमा करें तो मैं जानना चाहूँगा कि आपके बच्चे कितने हैं।'

'मेरे दो बच्चे हैं बेटे।'

'आपकी शादी हो गई?'

वहाँ से भी इन्हें मिली फटकार। यह उस सभा भवन से चुपचाप अंतर्धान होकर हमारे पास आ गए। जब यह घटना सुनाई, इन पर बहुत दया आई।

'बच गए बेटा, वरना हो जाती पिटाई।'

'क्या करूँ काका? डायलाग उलट-पुलट हो गए।'

'फिर कोई कविता सुनाई कि नहीं?'

'जो मुझे लिवाकर ले गई थी, वह तो न मालूम किधर खो गई, इधर हमारा मनोबल उपर्युक्त प्रश्नों से गिर गया था, इसीलिए भागना उचित समझा। अब आप वह नई कविता सुना दीजिए जो शराब पर लिखी है। अभी किसी सम्मेलन में आपने नहीं सुनाई है, यहाँ उसका रिहर्सल करके देख लीजिए इस गोष्ठी में जम जाए तो मंच पर सुनाइए, वरना कैंसिल कर दीजिए।

सुरा संस्कृति

सुरा पान शौकीन को, खरा कहें कि खराब,
शादी-उत्सव-पार्टी, सूने बिना शराब।
सूने बिना शराब, बराती लड़की-लड़के,
'बोतल डांस' कर रहे, बोटी-बोटी फड़के।

कहँ काका कवि, धन्य-धन्य बप्पा-महतारी,
कितनी प्रगति कर रही, प्रिय संतान तुम्हारी।

आए बाबू रात्रि को करके ठर्रा पान,
बीबी ने कुछ कह दिया, बरस पड़े श्रीमान।
बरस पड़े श्रीमान, हो गई शुरू लड़ाई,
तू-तू, मैं-मैं, मारपीट की नौबत आई।
जिस गृहस्थ में गृहलक्ष्मी धक्के खाती है,
धन लक्ष्मी उस घर से दूर भाग जाती है।

कवि-शायर-गायक-गुणी, वादक मदिरा भक्त,
सौ में नब्बे मिलेंगे, जिनको है यह लत्त।
जिनको है यह लत्त, नाज नखरे दिखलाएँ,
'मूड' बनाए बिना, मंच पर कैसे जाएँ।
संयोजकजी इंतज़ाम कर देउ हमारा,
वरना सब प्रोग्राम फेल हो जाय तुम्हारा।

बोतल आई सामने, बोले वंडरफुल्ल,
माल मुफ्त दिल बेरहम, हुए महाकवि टुल्ल।
हुए महाकवि टुल्ल, लड़खड़ाते पग आए,
चढ़े मंच पर, भूले कविता बोल न पाए।
हूटिंग होने लगी, बजाएँ सीटी लड़के,
बिठा दिए, संयोजक जी ने हाथ पकड़ के।

इसी भाँति होते रहे, कलाकार बदनाम,
किसको रोएगी कला, क्या होगा परिणाम?
क्या होगा परिणाम, काव्य पर कृपा कीजिए,
सरस्वती-पुत्रों को कुछ सद्बुद्धि दीजिए।

संयोजक को हमने यह सम्मति दे डाली,
पीकर आए, उसे लिफाफा दे दो खाली।

लेकर नाम लगाएँ हम, किस-किस पर अभियोग,
जितने सम्मेलन बढ़े, उतना ही यह रोग।
उतना ही यह रोग, दर्शकों से नहिं डरते,
खुलेआम यह काम, मंच के ऊपर करते।
कहँ काका कवि, समझे जिसे चाय का प्याला,
कविजी ने उस प्याले में भर रक्खी हाला।

मध्यांतर पर देखिए एक तमाशा और,
श्रोता करते प्रतीक्षा, चले दूसरा दौर।
चले दूसरा दौर, सभी कवि कहाँ खो गए,
पाँच मिनट की जगह, मिनट पच्चीस हो गए।
प्रबंधकों ने इधर-उधर को दूत पठाए,
ड्रिंक क्रिया में लिप्त, मंच के पीछे पाए।

सम्मेलन के बाद का देखो चित्र-विचित्र,
होटल में बोतल खुली, हुए इकट्ठे मित्र।
हुए इकट्ठे मित्र, नशे का पेटा भर लें,
कमी रह गई वहाँ, यहाँ पर पूरी करलें।
लुढ़क रहें हैं इधर-उधर, कुछ बहक रहे हैं,
हुए मंच पर हूट, यहाँ वे चहक रहे हैं।

बहुत बुरी हालत है काका। आजकल कवि सम्मेलनों में शराब की नदियाँ बहती हैं। वहाँ, खूब पीते हैं फिर आपस में गाली-गलौज बकते हैं, मारपीट तक हो जाती है। यहीं तक नहीं, सम्मेलन के बाद होटल में आकर कुछ जुए में अड़ जाते हैं, औंधे मुँह पड़ जाते हैं।

प्र०–इंसान सोचता कुछ है और होता कुछ है। ऐसा क्यों?

उ०–मनोवांछित चाहना, यदि पूरी हो जाए,
चपरासी और संतरी, मंत्री बन इठलाएँ।

प्र०–सच्चे प्यार की क्या परिभाषा है काकाजी?

उ०–प्रेयसि चप्पल तानकर, मार देय फटकार,
प्रेमी चप्पल चूम ले, यह है सच्चा प्यार।

प्र०–जब सब कुछ विधाता के भरोसे छोड़ दिया जाए तो?

उ०–भाग्य भरोसे पड़े हैं, गढ़े हुए ज्यों ठूँठ,
ऐसे निष्क्रिय व्यक्ति से, जाए विधाता रूठ।

प्र०–पति-पत्नी में अविश्वास के भाव पैदा हो जाएँ तो?

उ०–कभी टूट सकता नहीं, यह नाता अनमोल,
अविश्वास की गाँठ को, प्यार-प्रीत से खोल।

प्र०–उधार लेकर मौज उड़ाना, ठीक है क्या?

उ०–नाशवान संसार, नाम कुछ रोशन कर जा,
मरना तो निश्चित है, करजा लेकर मर जा।

प्र०–काकाजी, आप अपनी वसीयत में क्या लिखेंगे?

उ०–डाक टिकिट मेरी छपें, नहीं तनिक भी चाव,
मार-मार कर मुहर को, करदें तन पर घाव।
कैसा भी हो पार्क या चौराहा-स्ट्रीट,
मूर्ति खड़ी करना नहीं, करें कबूतर बीट।

प्र०–गरीब लड़कियों की सबसे बड़ी मुसीबत आजकल क्या है?

उ०–अर्थहीन पापा दुखी, धनिक सोयँ सुख-सेज,
बहू जलाई जायँ जो, लाएँ नहीं दहेज।

प्र०–भगवान कहाँ रहते हैं, उनका ठीक-ठीक पता बता दीजिए?

उ०–मंदिर में प्रभु नहीं मिलेंगे, जाओगे पछताओगे,
मंत्रीजी की कोठी या फिल्मी बँगलों में पाओगे।

प्र०–काकाजी, आपको कोई बीस वर्ष की कन्या दिलवा दी जाए तो?

उ०–पढ़ी लिखी हो सुंदरी, चले लचीली चाल,
शादी अपने पौत्र से, करवा दें तत्काल।

प्र०–शादी के बाद पत्नी का प्रेम कब तक प्राप्त होता है?

उ०–चंद्रमुखी इक साल तक, सूर्यमुखी दो साल,
फिर होकर ज्वालामुखी, करे हाल बेहाल।

प्र०–प्यार करने का कोई सरल तरीका बताइए काका?

उ०–झूठी-सच्ची प्रशंसा, किया करो दिन रात,
थैंक्यू डार्लिंग बोलना, अगर मार दे लात।

प्र०–लड़कियाँ हँसते समय अपने मुँह पर हाथ क्यों रख लेती हैं?

उ०–चतुर छोकरी जानती, तौर-तरीक़े सलूक,
किसी छोकरे तक नहीं, उड़कर पहुँचे थूक।

प्र०–रास्ता चलती सुंदरी को रोकना हो तो क्या करें?

उ०–डाल दीजिए सड़क पर, दस रुपए का नोट,
रुक जाएगी खुशी से फड़कें उसके होंठ।

प्र०–व्यापारियों का बिक्री-कर आंदोलन फेल क्यों हो गया?

उ०–व्यापारी सुख चाहते, डरें देखकर जेल,
सेल्सटैक्स नहीं हट सका, खेल हो गया फेल।

प्र०–औरत को देवी का रूप कब माना जाता है?

उ०–लक्ष्मी देवी मानते, दे निकाल कर नोट,
चंडी देवी तब दिखे, मारे दिल पर चोट।

प्र०–कुछ लड़कियाँ सीधे-सादे लड़कों को देखकर उनका मजाक क्यों उड़ाती हैं?

उ०–इसका उत्तर लड़कियाँ, सबको यही बतायँ,
भोले लड़के आजकल, उल्लू समझे जायँ।

प्र०–माँ, बहन, बीबी इन तीनों में किसका प्रेम श्रेष्ठ होता है?

उ०–कई किस्म हैं प्रेम की, मैया करे दुलार,
बहन करे स्नेह तो, पत्नी करती प्यार।

प्र०–प्यार की दीवार को पक्का करने के लिए किस चीज़ का प्रयोग करना चाहिए?

उ०–त्याग-भावना का लगे, यदि उसमें सीमेंट,
प्यार यार पक्का बने, होय न ऐक्सीडेंट।

प्र०–इश्क के सैंडिल अच्छे होते हैं या शादी के बेलन?

उ०–सीधी सादी बात है, क्यों करते हो तर्क,
दोनों चख कर देख लो, मिल जाएगा फ़र्क।

प्र०–दुनिया में सबसे सुखी ज़िंदगी कौन जीता है?

उ०–सुख के कई प्रकार हैं, सब में हैं गुण-दोष,
सच्चा सुख उसको मिले, जिसके मन संतोष।

प्र०–हमने अपने यहाँ कुश्ती प्रतियोगिता रखी है, आप उसमें भाग ले सकते हैं क्या?

उ०–कोई अस्सी वर्ष का, ढूँढ लीजिए मल्ल,
ताल ठोंककर लड़ेंगे, होय समस्या हल्ल।

प्र०–मनुष्य को शांति किस प्रकार मिल सकती है?

उ०–दुख के कारण हैं सभी, धन-औरत-औलाद,
शांति मिलेगी त्याग से, या मरने के बाद।

प्र०–ज़िंदगी क्या है काका?

उ०–ज़िंदगी ज़िंदादिली का नाम है, यह जानिए,
जो जिए मनहूसियत में, उनको मुर्दा मानिए।

प्र०–प्यार और दिलदार में क्या अंतर है?

उ०–दिल, दिलबर, दिलदार के बीच फँसा है प्यार,
पकड़ सके तो पकड़ ले, प्रेमी थानेदार।

प्र०–काकाजी, नौ-दो ग्यारह का प्रयोग कैसे होता है?

उ०–भोर हुआ तो सेठजी, लगे मचाने शोर,
नौ-दो ग्यारह हो गए, माल चुराकर चोर।

प्र०–कभी आप नाराज हो जाते हैं तो काकी क्या करती हैं?

उ०–नाराजी के भेद को, और न जाने कोय,
खटपट दिन में होय तो, सुलह रात में होय।

प्र०–काकाजी, आपको प्यार चाहिए या पैसा?

उ०–कलियुग में पैसा प्रमुख, पैसे का संसार,
पैसा हो यदि पर्स में, भागा आए प्यार।

प्र०–अपनी दाढ़ी की लंबाई क्यों नहीं बढ़ने देते आप?

उ०–लंबी दाढ़ी हमें नहीं लगती है अच्छी,
लटक-लटक कर झूला झूलें बच्चे-बच्ची।

प्र०–काकी के अलावा आपकी कोई 'वो' भी है क्या?

उ०–काकी भृकुटी तानती, आती है जब वो,
कहती है फटकार कर, 'इमीडिएटली गोऽ'।

प्र०–मरते समय मुँह में गंगाजल क्यों डाला जाता है?

उ०–अंत समय में इसलिए, गंगाजल दें डाल,
झूठ, कपट और पाप का, पच जाए सब माल।

प्र०–चौराहे पर दो लड़कियाँ हमको छोड़कर एक दूसरी से विपरीत दिशा में चल दें तो?

उ०–बँट जाओ, दो भाग में, मन में रक्खो धीर,
दिल हो इसके साथ तो, उसके साथ शरीर।

प्र०–मेरी प्रेमिका की शादी किसी और से हो गई थी, अब वह बेचारी विधवा हो गई है, क्या करूँ?

उ०–है यह काम सबाब का, कुछ भी नहीं गुनाह,
वह राज़ी हो जाए तो, कर लो उससे ब्याह।

प्र०–क्या अक्ल और दिल की भी चोरी हो सकती है?

उ०–शक्ल चुराए रुग्णता, अक्ल चुराय शराब,
दिल चोरी दिलबर करे, बचते रहो जनाब।

प्र0–काकाजी, यदि आपके कारतूस से किसी की मौत हो जाए तो?

उ०–कारतूस जिसके लगे, भाग्यवान वह जीव,
हँसते-हँसते मरेगा, जन्नत होय नसीब।

प्र०–कोई नेता किसी पर चोट कर दे तो उसका इलाज?

उ०–चौदह इंजैक्शन लगें, कुत्ता काटे जब्ब,
अट्ठाइस लगवाइए, नेता काटे तब्ब।

प्र०–जीवन के लिए 'रोटी-कपड़ा और मकान' ज़रूरी हैं, फिर आदमी पैसे के पीछे क्यों भागता है?

उ०–इसी नाम की फिल्म का, हमको तुमको इल्म,
पैसे देकर टिकिट ली, देख सके तब फिल्म।

प्र०–पत्नी के लिए पति ही परमेश्वर है तो वह फिर मंदिरों के चक्कर क्यों लगाती है?

उ०–अबला सबला बन गई, टूट गए विश्वास,
मूरत को मालिक कहें, पति को समझें दास।

प्र०–कभी-कभी प्रेमिका, लालमिर्च सी क्यों लगती है?

उ०–लाल लिपस्टिक लगाकर, होठ चलाती होय,
लाल मिर्च दो लड़ रहीं, ऐसा दीखे मोय।

प्र०–आपको, काकी से कोई शिकायत भी है क्या?

उ०–उम्र छिहत्तर वर्ष की, फिर भी हैं टिपटाप,
पहले गुड़िया थीं प्रिये, अब हैं बुढ़िया आप।

प्र०–राष्ट्र के प्रति ईमानदार बनने के लिए क्या करना चाहिए?

उ०–कलियुग के ईमान की, बड़ी भयंकर छाप,
जनता जाए भाड़ में, माल बटोरें आप।

प्र०–शादी से पहले और शादी के बाद की स्थिति कैसी होती है?

उ०–दो दिल हैं, तू और मैं, नहीं तीसरा कोई,
शादी के बँधन बँधे, तू-तू मैं-मैं होई।

**प्र०–हड्डी ऊपर मांस, मांस पर खाल, खाल पर बाल,
क्यों यह आडंबर रचा, हल कर देउ सवाल।**

उ०–क्षणभंगुर इंसान के, खाल-बाल या मांस,
मिट्टी में मिल जायँ सब, निकल जाय जब सांस।

प्र०–क्या काकी भी आपका लोहा मानती हैं?

उ०–'सोने' के ज़ेवर लदे, आई उन पर आब,
फिर भी 'लोहा' मानती, डगमग अपनी नाव।

प्र०–अर्जुन के सारथी श्रीकृष्ण थे, आपके कौन हैं?

उ०–काव्य-कला को जानिए, सरस्वती की देन,
हास्य हमारा सारथी, फक-फक चलती ट्रेन।

प्र०–काकाजी! जिन लड़कियों से प्रेम करना था, वे मुझसे बड़ी हो गई हैं, क्या करूँ?

उ०–पेड़ पकड़ कर लटकिए, लंबाई बढ़ जाय,
प्रेम उसी अनुपात से, ऊपर को चढ़ जाय।

प्र०–जीवन अधूरा कब कहलाता है?

उ०–गायक के बिना जैसे, सूना तानपूरा है,
जीवन-संगिनी के बिना, जीवन अधूरा है।

प्र०–मंदिर-मस्जिद में जाते समय जूते बाहर उतारते हैं तो महबूबा के दिल में जाने से पहले जूते कहाँ उतारें?

उ०–दिल में घुसते वक्त, जूते हाथ में ले जाइए,
रास्ते में रोके कोई, काम में तब लाइए।

प्र०–आप सुबह उठकर किसका नाम लेते हैं?

उ०–राधा-राधा रटत ही, बाधा होय समाप्त,
काकी-काकी जपें तो, 'काफी' होती प्राप्त।

गोष्ठी-नौ

'क्या हुआ किलोल जी, हाँफते हुए आ रहे हो, कोई नई ख़बर ला रहे हो?'

'दिलीप ने शादी कर ली काकू, मैं यों ही रह गया। रोज़ाना शादियाँ होती हैं, उनको देख-देखकर मेरी कुँआरी आत्मा नौ-नौ आँसू रोती है।'

'लगता है, तुम्हारी बुद्धि का बल्ब हो गया है फ्यूज़ जब देखो तब लाते हो पुरानी न्यूज़, एकदम लूज़। अरे, भौंदूराम, दिलीप की शादी को तो बहुत समय हो गया।'

'अजी वह, सायराबानू वाली शादी नहीं, उसे तो जाने कितने वर्ष हो

गए। अब उसने ओल्ड छोड़कर एक बोल्ड बीवी से विवाह कर लिया है।'

'बहुत अच्छा किया है दिलीप ने, उन्होंने दहेज का एक नया कीर्तिमान स्थापित करके चमत्कार दिखाया है। आजकल बेटेवाले, दहेज में नोट, कार, फ्रिज, टी.वी. या स्कूटर माँगते हैं। सुनो हमारा एक छक्का :

दिलीप और दहेज

कुछ न कर सकीं सायरा, थे दिलीप गमगीन,
आई बीबी दूसरी, लाई बच्चे तीन।
लाई बच्चे तीन, सुधारक हैं यह सच्चे,
धन दौलत तजकर दहेज में लाए बच्चे।
कहं काका हो जाय महरबाँ जिस पर अल्ला,
बिना परिश्रम मिलें मुफ्त में लल्ली-लल्ला।

'तो मेरा भी कोई ऐसा जुगाड़ लगा दो काका, लेकिन तीन नहीं, केवल एक बच्चा हो, तो निभा लूँगा।'

'चुप रहो, जब तक तुम्हारी इनकम का कोई स्थाई प्रबंध नहीं हो जाए तब तक विवाह की जल्दी मत करो।'

'इनकम का विवाह से क्या संबंध?'

'अरे, बहू के लिए साड़ी, जेवर चाहिए फिर गृहस्थ के और भी बहुत से खर्च हैं। बच्ची-बच्चा होने पर दूध भी चाहिए।'

'दूध तो वह अपनी माँ का पिएँगे, बाज़ार के दूध की क्या ज़रूरत है। आजकल सभी डाक्टर माता के दूध पर ही ज़ोर दे रहे हैं।'

'तुम्हारी अक्ल में तो भगवान ने भुस भर दिया है किलोक अब व्यर्थ की बातें...।'

'हाय-हाय, हमारे विवाह की बातें आपको व्यर्थ लगती हैं?'

'हाँ-हाँ, बोर भी करती हैं तुम्हारी यह बातें। देखो गोष्ठी में अब ज़्यादा देर नहीं है, काफी श्रोता आ गए हैं। आज 26 जनवरी गणतंत्र दिवस है, इस पर एक व्यंग्य सुनाकर शुरू करेंगे अपना काम।'

राष्ट्रीय-फटकार

सुनती नहीं प्रार्थना सरकार बहरी,
क्या करें हुजूर, बड़ी मुसीबत है हमरी।
झंडा या डंडा पकड़ 'काका' ने फटकारा,
चुप रहो, आज है छब्बीस जनवरी।

सब्जी खरीदने बाज़ार जब जाते हैं,
एक रुपये की एक, मूली सिर्फ़ पाते हैं।
मूली को पीसकर चटनी बना लेते हैं,
पत्तों को छीनकर, बच्चे चबा लेते हैं।
दहेज के भय से कुँआरी हैं छोकरी,
चुप रहो आज है छब्बीस जनवरी।

मिट्टी के तेल को महँगा बताते हो,
अर्थ समझते नहीं, व्यर्थ बड़बड़ाते हो।
तेल अधिक देंगे तो रोज़ ख़बरें आएँगी,
कपड़ों पर छिड़ककर, बहुएँ मर जाएँगी।
सास-ससुर देखेंगे जेल की कोठरी,
चुप रहो, आज है छब्बीस जनवरी।

महँगी है चीनी तो काहे को चिल्लाओ,
नमक डालो चाय में, गटागट्ट पी जाओ।
शक्कर का प्रयोग जो अंधाधुंध करते हैं,
हो जाती डाइबिटीज़ बिना मौत मरते हैं।
फूट जाए तकदीर, छूट जाए नौकरी,
चुप रहो, आज है छब्बीस जनवरी।

कोर्ट पर चोट करे, किसका बलबुत्ता,
हत्या शेरसिंह ने की, फाँसी चढ़ा कुत्ता?
ध्यान मत दो, औरत के चीखने चिल्लाने में,
कौन कहता है, बलात्कार हुआ थाने में?
झूठ नहीं बोलती, पुलिस की डायरी,
चुप रहो, आज है छब्बीस जनवरी।

रेल बस लुटती हैं, लुटने भी दीजिए,
लुटेरे गरीब हैं, गरीबी दूर कीजिए।
जनगण में धन जब बराबर बँट जाएगा,
दौड़कर देश में समाजवाद आएगा।
कायम रहे केंद्र में काकी की मिनिस्टरी,
चुप रहो आज है छब्बीस जनवरी।

अच्छा जी, आज प्रश्नकर्त्ताओं में छात्र अधिक दिख रहे हैं। बोलिए पहला प्रश्न–

प्र०–दिल की धड़कन और घड़ी की टिक-टिक में क्या अंतर है?

उ०–प्रेमपार्क में मिलन का, कर बैठे ऐंगेज,
टिकटिक ठंडी पड़ गई, धड़कन हो गई तेज़।

प्र०–मौसमी चटर्जी, कौन से मौसम में कौन-सा साबुन लगाती हैं?

उ०–जो साबुन की फैक्ट्री, साबुन दे दे मुफ़्त,
उसे लगाने में उन्हें, आता होगा लुत्फ़।

प्र०–करत-करत अभ्यास के जड़मति होत सुजान... लेकिन लाख कोशिश करने पर भी, कोयला सफेद नहीं होता?

उ०–कोशिश व्यर्थ न जाएगी, दिल में रख उम्मेद,
जल जाए जब कोयला, होगी राख सफेद।

प्र०–काकी से आप डरते हैं, फिर भी उनके जाल में फँसकर शादी क्यों की?

उ०–फँसने में भी मज़ा है, डरने में भी स्वाद,
हँसते-हँसते पा रहे, काकी का परसाद।

प्र०–साइकिल का ब्रेक हाथ में, मोटर का पैर में, तो हसीना का ब्रेक?

उ०–रुक जाएगी हसीना, मार आँख का ब्रेक,
डोंट केयर पिट जाइए, होय खोपड़ी क्रेक।

प्र०– काकाजी, पढ़ने के बजाए, घूमने के लिए मन करता है– क्यों?

उ०–भ्रमण-रमण के साथ ही, चले लिखंत-पढ़ंत,
मंत्री, नेता घूमते, घूमें संत-महंत।

प्र०–मैंने सपने में आपको 'हेमा-हेमा' चिल्लाते हुए देखा है, क्या आप हेमामालिनी से इतने प्रभावित हैं?

उ०–माता जी की मृत्यु पर, हुआ ब्राह्मण भोज,
हे-माँ! हे-माँ, कह रहे, रो-रोकर उस रोज़।

प्र०–मानव की बुद्धि में अधिक शक्ति है, या भक्ति और तप में?

उ०–चलते मानव-बुद्धि से, जीवन के सब खेल,
बिना बुद्धि जप, भक्ति-तप हो जाते हैं फेल।

प्र०–लड़का जानता है कि एक दिन मेरी शादी हो ही जाएगी, फिर भी लड़कियों के पीछे क्यों भागता है?

उ०–भंवरा रस का लालची, कलियों पर मँडराय,
ना जाने, कब-कौन-सी, फंदे में फँस जाय।

प्र०–कोयला के पास बैठने से कालौंच लगती है, तो भोजन कैसे तैयार हो?

उ०–बिना जलाए कोयला, पके न रोटी-दाल,
लग जाए कालौंच तो, साबुन से धो डाल।

प्र०–आपको अकेलापन कब अच्छा लगता है?

उ०–गप्प-शप्प चलती रहे, काकी का सिद्धांत,
काका जब कविता लिखें, तब चाहें एकांत।

प्र०–सेल्सटैक्स-आंदोलन पर आपकी प्रतिक्रिया?

उ०–बड़े साब से कह रहे, बाबू लपकानंद,
सेल्सटैक्स हट जाए तो, मौज मजे हों बंद।

प्र०–गाँव का आदमी पशुओं को चराता है तो शहर का?

उ०–मंत्री और नेता की पूजा कराता है,
खुद भी चरता है, उनको भी चराता है।

प्र०–काकाजी 'लव-लैटर' लिखने की कला कैसे सीखी जाए?

उ०–बुकसेलर को दीजिए, रुपए पचीस सहर्ष,
काका-काकी के लिखे, पढ़िए 'लवलैटर्स'।

प्र०–ऐसा उपाय बताइए कि हम बिना पढ़े ही पास हो जाएँ?

उ०–ठोकर खाते फिर रहे, बी.ए. पास सुजान,
नेतागीरी सीखिए, प्राप्त होय धन-मान।

प्र०–सिनेमा में कोई-कोई दर्शक सामने की बजाए पीछे की ओर क्यों देखते हैं?

उ०–फिल्म सिनेमा हॉल में आगे-आगे होय,
काम-कला का तमाशा, पीछे करते कोय।

प्र०–शादी कौन-से मौसम में मज़ा देती हैं 'काका'?

उ०–मौसम खुद ही बदलते, होंय वधू-वर साथ,
सर्दी में गर्मी बढ़े, गर्मी में बरसात।

प्र०–जब कोई वेश्या, किसी दुलहिन के घर आती हुई बारात देखती है, तो क्या सोचती है?

उ०–यह गंदा-धंधा किया, क्यों मैंने स्वीकार,
दुलहिन बनकर चमकती, बिकती नहीं बजार।

प्र०–पति स्वर्गवासी हो जाए तो पत्नी सिंदूर लगाना छोड़ देती है। पत्नी के मर जाने पर पति क्या छोड़ता है?

उ०–ज़रा-ज़रा-सी बात पर, देती कान मरोड़,
पत्नी मरते पति हुआ, निर्भय भय को छोड़।

प्र०–नाराज़ माता-पिता को कैसे खुश करें?

उ०–अकर्मण्यता छोड़कर, मेहनत कर भरपूर,
पैसे उनको भेंट कर, नाराज़ी हो दूर।

प्र०–खमदार जुल्फ देखकर, घायल हुए हैं हम,
मुँह से बजाएँ सीटी, दिल में समाया गम।

उ०–सीटी बजाना छोड़ दो, खुद पर करो रहम,
नागिन हैं काली जुल्फें, डस लें तो निकले दम।

प्र०–हमारे नेताओं की आत्मा मरती क्यों जा रही है?

उ०–लोभ-मोह में फँस गए, कहलाते जो संत,
मरने लगती आत्मा, आता है जब अंत।

प्र०–मूँछों पर हाथ फेरने से ताव आता है, तो दिल पर हाथ फेरने से?

उ०–हाथ फिराकर मूँछ पर, फड़कन लागा जट्ट,
दिल पर फेरा हाथ तो, मूँछ मुड़ा दीं झट्ट।

प्र०–पान खाने से मुँह लाल होता है तो सिगरेट से?

उ०–पान खाय मुँह लाल हो, सिगरट करे कमाल,
छल्ले छोड़ो धुएँ के, फुला-फुलाकर गाल।

प्र०–अब तो काकी इतनी बूढ़ी हो गई होंगी कि उनको काकी की बजाय दादी कहना पड़ेगा?

उ०–काकी, काकी ही रहे, उसकी लंबी म्याद,
सूख जाए अंगूर तो, किशमिश का दे स्वाद।

प्र०–शमां ने पूछी थी, इक बात ये परवाने से,
बता दीवाने, मजा आता क्या जल जाने से।

उ०–देता जवाब लेकिन वह छिन निकल गया,
आया सवाल बाद में, पहले वो जल गया।

प्र०–काका क्या है मुझमें दोष, साली करती रहती रोष?

उ०–ठीक करो नीयत का कोष,
साली नहीं करेगी रोष।

प्र०–काग की चोंच में अंगूर, खुदा की कुदरत,
हूर की बाँहों में लंगूर, खुदा की कुदरत।

उ०–हाथी पै जाने वाला, गदहे चरा रहा है,
गद्दी पै बैठा बंदर, रसगुल्ले खा रहा है।

प्र०–आने वाले मेहमान का स्वागत, हाथ मिलाकर और जाने वाले को हाथ हिलाकर क्यों विदा करते हैं?

उ०–हाथ मिलाकर दिखाया, टैम्परेरी प्यार,
हाथ हिलाकर कह रहे, अब मत आना यार।

प्र०–मैं काकी से पूछना चाहती हूँ कि काकाजी किस पर दीवाने हैं?

उ०–काकी से पूछती हो, हम उनसे क्या जुदा हैं?
हम काकी के दीवाने, वे काका पै फ़िदा हैं।

प्र०–लाल रंग खतरे की निशानी है तो दुलहन को वरमाला के समय लाल साड़ी क्यों पहनाई जाती है?

उ०–लाल रंग यों कह रहा, छोड़ो स्वेच्छाचार,
खतरा पल्ले में बँधा, अब रहना हुशियार।

प्र०–इस बार आपने होली किसके साथ खेली थी?

उ०–सूनी है रहती जैसे भोजन के बिन थाली,
ऐसे ही साली के बिन, होली रहती खाली।

प्र०–काका, उत्तर के लिए, दिल मेरा बेताब,
डाले लैटर तीन, क्यों देते नहीं जवाब।

उ०–डाकू डाक उड़ा रहे, अपनी क्या मिस्टेक,
तुमने डाले तीन खत, हमें मिला है एक।

प्र०–प्रेमिका और पत्नी में क्या अंतर है काका?

उ०–प्रिया के सेवक हो तुम, पत्नी तुम्हारी सेविका,
पत्नी बासी रोटी है, खस्ता कचौड़ी प्रेमिका।

प्र०–यदि प्रेमिका विवाह के लिए टालमटोल कर रही हो तो?

उ०–और किसी पर लगी हो, उसकी चाह-निगाह,
क्या गारंटी है कि वह, तुमसे करे विवाह।

प्र०–प्रेम और इश्क़ में क्या फर्क है काका?

उ०–इश्क करें शायर मियां, कवि करते हैं प्रेम,
साहब के धन-माल से, लव करती हैं मेम।

प्र०–देश से प्यार करना चाहिए या पैसे से?

उ०—अक्लमंद से कह रहे, मिस्टर मूर्खानंद,
देश धर्म में क्या धरा, पैसे में आनंद।

प्र०—एक सुंदरी से हो गया है लव, बताइए क्या करूँ अब?

उ०—तारे गिनो बिताओ शब,
चल दे वह ना जाने कब।

प्र०—भगवान् जब देता है तो छप्पर फाड़कर देता है, क्या यह सच है?

उ०—एक रुपैया फेंककर, टिकट लाटरी लेय,
छप्पर घर पर न हो तो, छत्त फाड़कर देय।

प्र०—काकाजी, आप हमसे प्यार करते हैं या नफ़रत?

उ०—नफ़रत से नफ़रत हमें, प्यार-इश्क़ से शर्म,
दीवानों को हँसाना, काका कवि का धर्म।

प्र०—हमारे देश की धरती हीरे-मोती उगलती है तो जनता भूखी क्यों मरती है?

उ०—किसी-किसी पर बीस साड़ियाँ, नहीं किसी पर धोती,
हीरे-मोती मंत्री चाबें, जनता भूखी रोती।

प्र०—गरीब की ऊँची से ऊँची पढ़ाई भी बेकारी के तूफान से क्यों उड़ जाती है?

उ०—पढ़े लिखे बेकार हैं, मूरख हैं टिपटाप,
राज्यसभा में घुस रहे, कई अँगूठा छाप।

प्र०—विज्ञान के बढ़ते चरण, मानव के लिए आशीर्वाद हैं या अभिशाप?

उ०—जब-जब बम न्यूट्रोन का, आता हमको ध्यान,
लगता है विज्ञान को, निगल गया अज्ञान।

प्र०—मुसीबत से पीछा छुड़ाने का उपाय बताइए?

उ०—मुसीबत ने तुम्हारा साथ नहिं छोड़ा मुसीबत में,
तो तुम क्यूँ छोड़ते हो प्रिय, मुसीबत को मुसीबत में।

प्र०–मरने की चिंता किसे नहीं होती काकाजी?

उ०–आत्मा चोला बदलती, नवजीवन मिल जाय,
ज्ञानी-निष्कामी नहीं, मरने से घबराय।

प्र०–टूटे दिल की मरम्मत कैसे होती है?

उ०–वैल्डिंग करवाइए, दिल की बढ़े मियाद,
ऊपर से कलई करो, हो जाए आबाद।

प्र०–मुझे मेरे मित्र ठगने की कोशिश करते रहते हैं?

उ०–आप ठगा ठाकुर बनो, ठगो न दूजा कोय,
अपन ठगाए सुख मिले, और ठगे दुख होय।

प्र०–मूल्य बढ़ते हैं तो सरकार बढ़ने नहीं देती, घटते हैं तो घटने नहीं देती, यह क्या तमाशा है?

उ०–बनी रहें यह कीमतें, बनी रहे सरकार,
नीची-ऊँची नाव हो, डूब जाय मंझधार।

गोष्ठी-दस

आज की गोष्ठी में बच्चे अधिक दिख रहे हैं अत: पहले इनको कविता सुना दें–

चूहिस्तान

चूहों की मीटिंग में, बोले चूहानंद,
एक वर्ष के वास्ते, कर लो खाद्य-प्रबंध,
कर लो खाद्य-प्रबंध, न कोई रहे निठल्ला,
काट रहे हैं मानव, नई फसल का गल्ला।
कृषक और सरकार, अन्न-भंडार बनाएँ,
चूक जाएँ जो चूहे, कर मल-मल पछताएँ।

करतीं हम पर बिल्लियाँ, हिंसक अत्याचार,
छुप कर रहते बिलों में, जीवन को धिक्कार,
जीवन को धिक्कार, नहीं ईश्वर से डरते,
चूहों को इंसान, बंद पिंजड़े में करते।
करलो दाँत दुरुस्त, सख्त हो जाएँ जबड़े,
होकर के संगठित, काट डालो सब पिंजड़े।

छोड़ो चूँ-चूँ गान अब, सुनो हमारा प्लान,
शीघ्र बनेगा साथियो, अपना चूहिस्तान।
अपना चूहिस्तान, नियम कानून बना दें,
सीमा पर दुश्मन आए, गोली चलवा दें।
सभागार में उसी समय बिल्ली घुस आई,
भाग गए सब चूहे-चूहिया, जान बचाई।

मैडम और मच्छर

बीबीजी के बदन पर होकर के निःशंक,
सुबह नाश्ते के समय, मच्छर मारा डंक।
मच्छर मारा डंक, सताता है क्यों मुझको,
दिन में भी क्यों चैन नहीं पड़ता है तुझको।
मच्छर बोला–गुजर नहीं होती है मैडम,
इसीलिए दिन में 'ओवरटाइम' करते हम।

एक डंक से हो गई, मैडम पीली लाल,
मेरे साथी कर रहे, नाले में हड़ताल।
नाले में हड़ताल, अगर वे भी आ जाएँ,
खूनी क्रांति मचाकर, तुमको मज़ा चखाएँ।

डी.ए.टी.ए. बिना नहीं होंगे टस से मस,
और बीस परसैंट झपट लें ऐक्सट्रा बोनस।

सुना क्रांति का नाम जब, क्रोध रह गया हाफ़,
मुझसे जो ग़लती हुई, कर दो बेटे माफ़।
कर दो बेटे माफ़, ऐक्शन और न लेना,
मेरे घर का पता उन्हें मत बतला देना।
कहं 'काका' मध्यस्थ बने हम झाड़ा लैक्चर,
समझौता हो गया, उड़ गए मिस्टर मच्छर।

प्र०–जहन्नुम में मच्छर ज़्यादा हैं या इंसान?

उ०–काका ने देखा नहीं, कभी जहन्नुम जश्न,
तुम जाकर के देख लो, हल हो जाए प्रश्न।

प्र०–अक्ल किस जगह बिकती है, पता बता दीजिए?

उ०–छिपी-छिपी रहती सदा, नहीं दिखाती शक्ल,
बिक्रीकर की वजह से, बिके ब्लैक में अक्ल।

प्र०–लड़के ही लड़कियों को छेड़ते हैं। लड़कियाँ लड़कों को क्यों नहीं छेड़तीं?

उ०–पहले लड़का छेड़ता, भरे इश्किया आह,
जीवन भर वह छेड़ती, जब हो जाय विवाह।

प्र०–आप बहुत तुकें मिलाते रहते हैं, हम अपने दिल की तुक किससे मिलाएँ?

उ०–कातिल का तिल देखकर, दिल जब विस्मिल होय,
उसका दिल हासिल करो, वरना कैंसिल होय।
दिल की तुक हैं सैकड़ों, कौन यहाँ लिख पाय,
कोश तुकों का हाथरस, काका से मिल जाय।

प्र०–डियर कक्के, बचपन में कितने मारे थे छक्के?

उ०–कक्के के छक्के जुड़े, 'शतक' हुई तैयार,
छपकर पुस्तक रूप में, बिके सरे बाज़ार।

प्र०–शादी करना क्यों ज़रूरी हैं, क्या सिर्फ़ प्यार से काम नहीं चल सकता?

उ०–प्यार टैम्परेरी समझ, शादी परमानैंट,
बिन शादी के बछेड़ा, बनो इंडिपेंडैंट।

प्र०–काकाजी, आपकी कोई गर्ल फ्रैंड है क्या?

उ०–पूछ रहे हो प्रश्न यह, जब यौवन का 'ऐंड',
गर्ल फ्रैंड थी उन दिनों, अब है बुढ़िया फ्रैंड।

प्र०–फाँसी पर लटकते समय, मियां भुट्टो ने क्या सोचा होगा?

उ०–मुक्का मैंने दिखाया, लड़ें हज़ारों साल,
फिर भी भारत अंत तक, मुझ पर रहा दयाल।

प्र०–गरीबों पर अमीरों का जुल्म हमेशा से क्यों चला आ रहा है?

उ०–आदिकाल से नियम यह, देख रहे हम-आप,
छोटी को मछली बड़ी, निगल जाय चुपचाप।

प्र०–जवानी चढ़ने पर बदसूरत लड़की भी आकर्षक क्यों लगती है?

उ०–यौवन में तो गधी भी, लगती परी समान,
ढली हुस्न की दुपहरी, समझो मम्मी जान।

प्र०–किसी अजनबी हसीना से अचानक मुलाकात हो जाए तो?

उ०–बहिन-बहिन कहिए उसे, बढ़े प्यार की रेंज,
जब बन जाए प्रेमिका, रिश्ता कर लो चेंज।

प्र०–अगर मैं बाग़बाँ होता तो गुल-गुलशन बना देता
कली को खिलने से पहले, मैं सीने से लगा लेता।

उ०–खुदा हुशियार है, मौका ये मिलने ही नहीं देता,
वो ऐसे बाग में कलियों को, खिलने ही नहीं देता।

प्र०–दिलरुबा, निगाहों में अच्छी लगती है या बाँहों में?

उ०–अच्छी लगती दूर से, मटकाती जब नैन,
बाँहों में आ जाय तब, बोले कड़वे बैन।

प्र०–चोर और लोगों के घर चोरी करता है। अपने घर क्यों नहीं करता?

उ०–अपने घर रहती सदा, पत्नी पहरेदार,
झापड़ मारे गाल पर, चोर करे चीत्कार।

प्र०–किसी महफ़िल या जलसे में मुझे हँसी आने लगे तो क्या करूँ?

उ०–पशु कोई हँसता नहीं, हँसना मानव धर्म,
हँसी आय, खुलकर हँसो, छोड़ व्यर्थ की शर्म।

प्र०–आजकल के लड़के, माँ से अधिक प्रेमिका को क्यों चाहते हैं?

उ०–माता जी के प्यार से, अधिक भर गया पेट,
उसे पचाने को करें, माशूका से भेंट।

प्र०–आपने मैट्रिक की परीक्षा किस तरह से पास की थी?

उ०–इम्तिहान देते समय, नहीं रही थी आस,
लेकिन काका हो गए, ट्रिक से मैट्रिक पास।

प्र०–आप 'भाजपा' की तरफ़ हैं या कांग्रेस पार्टी की ओर?

उ०–राजनीति की पार्टी, हमें न भावे कोय,
पहुँच जायँ काकी सहित, यदि टी-पार्टी होय।

प्र०–घर का दरवाज़ा अंदर से, दुकान का बाहर से बंद करते हैं तो दिल का दरवाज़ा?

उ०–किस दिलबर को किस समय, दिल अपना भा जाय,
खुला राखिए हर समय, चाहे जब आ जाय।

प्र०–प्रेम-इश्क करते हैं वे भी तड़पते हैं, जो नहीं करते हैं, वे भी तड़पते हैं। ऐसा क्यों?

उ०–लड्डू में मिट्टी भरी, चीनी दई चढ़ाय,
खाए सो पछताएगा, ना खाए पछताय।

प्र०–पत्थर से सर टकराए तो चोट लगती है, फिर भी पत्थर की मूर्ति के

चरणों में सिर क्यों टेकते हैं?

उ०–द्वेष, क्रोध जिसमें भरा, वह पत्थर दे दुक्ख,
जिसमें श्रद्धा-प्रेम हो, उससे मिलता सुक्ख।

प्र०–कोई फूलों से हमको मारे तो हम उसे किससे मारें?

उ०–फूल मार स्वीकार कर, मन में धीरज धार,
तिरछी चितवन की उसे, मारो नयन कटार।

प्र०–दाढ़ी पर रीझ कर ही आपसे काकी ने शादी की थी क्या?

उ०–दाढ़ी थी तब पेट में, मुँह पर उगे न बाल,
फिदा हो गई देखकर, चिकने-चुपड़े गाल।

प्र०–दोस्ती, अगर खुदा की देन है तो दुश्मनी?

उ०–मिलता सच्चा मित्र जब, कृपा करे भगवान,
वैर-भाव या दुश्मनी, अता करे शैतान।

प्र०–कोई मर्द यदि दो औरतें रख लेता है तो औरतों को बुरा क्यों लगता है?

उ०–द्वापर में द्रौपदी ने, पाँच कर लिए दर्ज़,
दो रख लीं कलियुगी ने, तो इसमें क्या हर्ज़।

प्र०–आजकल की लड़कियों में लज्जा का अभाव क्यों है काका?

उ०–आधुनिकाएँ, सजा रही हैं ऐसी सज्जा,
उनकी सज्जा देख, मर गई देवी लज्जा।

प्र०–नशाबंदी के बारे में, पीनेवालों के क्या विचार हैं?

उ०–एक पियक्कड़ ने कहा, दीजे हमें जवाब,
पीते हैं जो 'मुरारी' उससे बुरी शराब।

प्र०–कविगण फूलों से भी अधिक महत्त्व काँटों को क्यों देते हैं?

उ०–फूलों के सौंदर्य को, भूलें कुछ दिन बाद,
चुभ-चुभकर जो कसकते, उनकी आती याद।

प्र०—क्या काकी ने आपसे लव-मैरिज की थी?

उ०—तलब लगी तो लव हुआ, 'लव' से टपके लार,
मतलब में भी लव घुसा, जुड़ा प्यार से प्यार।

प्र०—आपको हास्य मंत्री बना दिया जाए तो?

उ०—'काका' मन भायी नहीं, मित्र आपकी सीख,
हास्य मंत्रिपद के लिए, राजनरायण ठीक।

प्र०—राष्ट्रीय स्वयं सेवक संघ या 'भाजपा' के बारे में आपके विचार?

उ०—इधर चरित-निर्माण है, उत शासन से प्यार,
दो नावों में पैर रख, कौन हुआ है पार?

प्र०—जीवन की यथार्थ सच्चाई से मनुष्य क्यों भागना चाहता है?

उ०—झूठ बराबर तप नहीं, साँच बराबर पाप,
जिसके हिरदे साँच है, बैठा-बैठा टाप।

प्र०—कोई लड़का, प्यार की प्रथम सीढ़ी पर कदम रखने से पहले ही क्यों घबराने लगता है?

उ०—घबराहट हो हृदय में, समझो दूषित प्यार,
कायर प्रेमी सीढ़ियाँ नहीं कर सके पार।

प्र०—धन कमाने का सबसे आसान तरीका क्या है?

उ०—सदाचार की ओट में, करिए लूट-खसोट,
मंत्री के चमचे बनो, मिलें नोट पर नोट।

प्र०—काका घर से बाहर बैठे, चला रहे थे गोली,
काकी अंदर खेल रही थी, देवरजी से होली।

उ०—भाभी के फ़ेवर में देवर, मन में सैक्स समाया,
इसीलिए काकी ने कोई, देवर नहीं बनाया।

प्र०—सच्चे गुरु की पहचान क्या है?

उ०–मुफ्त मलाई मारते, लेंय दक्षिणा-दान,
चेलों को जो मूँड ले, सच्चा गुरु पहिचान।

प्र०–गर्मियों की छुट्टियों में काकी को हमारे यहाँ भेज देंगे क्या?

उ०–गर्म शहर की नहीं दें, काकी जी को राय,
शिमला शीतल मसूरी, दोनों के मन भाय।

प्र०–कविता लिखने को कलम उठाई तो चलती ही नहीं, कोई पैन दे दीजिए काका?

उ०–काव्य और संगीत हैं, सरस्वती की देन,
बुद्धि और प्रतिभा न हो, क्या कर सकता पैन।

प्र0–इश्क का बुखार अगर म्यादी हो जाए तो उसकी दवा?

उ०–प्रेयसि की चप्पल सुबह, नित्य नियम से चाट,
इक्किस दिन सेवन करो, होय सपाट कपाट।

प्र०–प्यार कौन-सा स्थायी होता है?

उ०–टैम्परेरी प्यार की म्याद हाफ परसैंट,
प्यार सेंट-परसेंट वह, जो हो परमानैंट।

प्र०–हिंदी के हिमायती जब अँग्रेजी में बात करते हैं तो उन्हें क्या कहें?

उ०–इंगलिश से तो प्यार है, हिंदी से परहेज,
ऊपर से हैं इंडियन, भीतर से अँगरेज।

प्र०–धन इकट्ठा करके बड़ा आदमी बनने का कोई सरल उपाय बताइए?

उ०–धन की चिंता बढ़ रही, गुज़र नहीं हो पाय,
रेल और बस लूटते सबसे सरल उपाय।

प्र०–तन-मन की शुद्धता के लिए कुछ उपाय बताइए?

उ०–तन पवित्र साबुन रगड़, धन पवित्र खा ब्याज,
मन पवित्र गाली दिए, मिटत हिए की खाज।

प्र०–दाढ़ी रखने से क्या लाभ है काकाजी?

उ०–दोष छिपाने के लिए, सबसे सरल उपाय,
डाकू भी इस वेष में, संन्यासी बन जाय।

प्र०–कवियों की संगिनी तो कविता होती है, फिर आप काकी के चक्कर में क्यों फँसे?

उ०–'काका' की कविता रहे, बिन काकी के सून,
ज्यों मंसूरी के बिना व्यर्थ देहरादून।

प्र०–शराबियों का अंत में क्या हाल होता है?

उ०–बहक रहे बोतल लिए, गाएँ गंदे राग,
नाली में औंधे पड़े, मुँह से निकलें झाग।

प्र०–सुंदरियों के पास सबसे बड़ा हथियार क्या होता है?

उ०–उनकी तिरछी नज़र का, लग जाए जब तीर,
घायल होकर गिर पड़ें, बड़े-बड़े बलबीर।

प्र०–नेता दुलत्ती झाड़ना कब शुरू करता है?

उ०–दलबदलूजी जिस समय, स्वारथ से टकरायँ,
झाड़ दुलत्ती एक में, दूजे से मिल जायँ।

गोष्ठी-ग्यारह

प्रिय प्रश्नकर्त्ताओ,

तुमको यह जानकर दुःख होगा कि हमारे किलोल कवि कल शाम एक रोडवेज की बस में यात्रा करते हुए लुट गए। पता लगा लुटेरों में कई छात्र थे जो बी.ए. तक किसी प्रकार पहुँचकर कालेज छोड़कर यह धंधा अपना रहे हैं।

हमारी शिक्षा का स्तर कितना गिर गया है, इसे देखकर दुःख होता है, लेकिन हास्य का कवि दुःखांत को भी व्यंग्य के रंग में डुबोकर सुखांत बना देता है।

घटना एक विद्यालय से उठा ली और यह कविता गढ़ डाली। पहले इसकी भूमिका सुन लीजिए। एक विद्यालय में इंस्पेक्टर ऑफ स्कूल्स आ जाते हैं। पहले से कोई सूचना न देकर अचानक मारते हैं छापा। दंग रह जाते हैं छात्र और अध्यापक पापा। सर्वप्रथम माउंटसरी क्लास में पहुँचकर छोटे-छोटे बच्चों से प्रश्न करते हैं-

छात्रों पर छापा

सर्वप्रथम एक पाँच वर्ष के लड़के को खड़ा किया-
'बताओ बेटे, माता के दूध में क्या विशेषता होती है?'
'सर, माताजी के दूध में चीनी नहीं डालनी पड़ती।'
'शाबाश, अच्छा तुम बैठ जाओ मुन्ने।'
अब उसके बराबर वाले लड़के से भी यही प्रश्न किया, उसका उत्तर देखिए-
'सर, माताजी के दूध को उबालना नहीं पड़ता।'
'वाह-वाह, ठीक कह रहे हो।'
एक छोटी-सी लड़की से पूछा-

'बिटिया, लड़कियों के दिमाग़ बहुत तेज़ होते हैं तुम बताओ, माताजी के दूध में क्या खासियत होती है?'

'मम्मी के दूध को बिल्ली नहीं पी सकती।' एक लड़का कुछ तेज-तर्रार था। स्वत: उठकर खड़ा हो गया कहने लगा, 'मैं बताऊँ सर?'

'बताओ बेटे!'

'माता जी के दूध को पापाजी नहीं पी सकते।'

इस उत्तर पर सभी बच्चों और अध्यापकों ने ठहाके लगाए। वहाँ से चलकर इंस्पेक्टरजी लड़कियों की एक बड़ी क्लास में आ धमके। वहाँ भी प्रश्न किया एक लड़की से– 'बताओ बेटी, भारत की वीर, साहसी और प्रसिद्ध नारी का नाम?

'झाँसी की महारानी लक्ष्मीबाई।'

'बहुत अच्छे, वाह-वाह।'

एक दूसरी कन्या से पूछा, 'इसी प्रश्न के उत्तर में क्या कहोगी?'

'श्रीमती इंदिरा गांधी।'

'बहुत खूब, तुम्हारे पापा कांग्रेस (आई) में हैं क्या?'

'जी,' शर्माते हुए लड़की ने स्वीकार किया।

तीसरी लड़की से पूछा गया, उसका उत्तर था–

'लता मंगेशकर।'

जाहिर है, उस बच्ची के डैडी फिल्मी संगीत के होंगे माहिर। अंत में एक भारी-भरकम लड़की से पूछा, गया, 'इस प्रश्न के उत्तर में तुम क्या कहोगी?' उसने बड़े ज़ोर से चिल्लाकर कहा, 'फूलनदेवी।' इस प्रकार लड़कियों का ज्ञान देखकर इंस्पेक्टर महोदय दंग रह गए। हँसते-मुसकाते इंस्पेक्टर दसवीं कक्षा में पहुँच गए, जहाँ उस समय संस्कृत का घंटा चल रहा था। एक लड़के से पूछा, 'बेटे, तुमने संस्कृत ले रक्खी है?'

'जी।'

'मैं एक श्लोक का कुछ अंश बोलता हूँ, उसका अर्थ बताना।'

'बोलिए सर।'

'त्रिया चरित्रम् पुरुषस्य भाग्यम्,
दैवो न जानाति कुतो मनुष्यः–बताओ इसका अर्थ?'

'स्त्री के चरित्र को देखकर पुरुष भाग गया।'

'वाह, क्या कहने हैं, बहुत उच्चकोटि का है तुम्हारा संस्कृत-ज्ञान, अच्छा उससे आगे का अर्थ भी करो।'

लड़के ने पूरा श्लोक दुहराते हुए 'दैवो न जानाति कुतो मनुष्यः' का अर्थ बताया–'उसे दैव भी नहीं जानता, मनुष्य तो कुत्ता है।'

सारी क्लास हँसी से गूँज उठी। इंस्पेक्टर महोदय माथा ठोककर चले गए।

जिस देश में शिक्षा का यह हाल है, जहाँ लड़के बजाए अकल के नकल से पास हो जाते हैं, वहाँ तो ज्ञान के सिर पर अज्ञान का शासन हो ही जाता है।

अब जिज्ञासु अपने प्रश्न प्रारंभ करें।

प्र०–भगवान् को छोड़कर मनुष्य पैसे के पीछे क्यों भागता है?

उ०–इस दुनिया में दो बड़े, दामोदर औ' दाम,
दामोदर बैठे रहें, दाम करें सब काम।

प्र०–आग भड़कती है तो शोले भड़कते हैं, जवानी भड़कती है तो?

उ०–जलती है ज्वाला भड़कते हैं शोले,
जवानी भड़कती, निकलते हैं गोले।

प्र०–काकी के नाक-नक्श कैसे हैं काकाजी?

उ०–काकी का नासिका-रूप, ऐसा अलबेला,
दो नीबू के बीच, रख दिया जैसे केला।

प्र०–अगर दुनिया में औरत नहीं होती तो?

उ०–अपने थोथे प्रश्न को, खुद ही लीजे नाप,
इस धरती पर किस तरह, पैदा होते आप!

प्र०–पेड़ लगने से फल प्राप्त होता है, तो दिल लगने से?

उ०–पेड़ लगाए फल मिले, जानत है संसार,
दिलवर का दिल लगे तो, प्राप्त होय दिलदार।

प्र०–काकीजी की लंबाई-चौड़ाई और वजन बताइए?

उ०–अपनी मम्मी से उन्हें, चार गुनी कर लेउ,
काकी का आकार यह, प्रश्न-पत्र भर देउ।

प्र०–नेता की क्या परिभाषा, काका से उत्तर की आशा?

उ०–उद्घाटन, भाषण और चाटन में व्यस्त हैं,
मीटिंग, ईटिंग और चीटिंग में मस्त हैं।

प्र०–लड़के-लड़की ही नहीं, चालीस वर्ष तक के मर्द भी लटकती हुई बेलबॉटम क्यों पहनते हैं?

उ०–नगर-पालिका कार्य भी, कुछ हल्का पड़ जाए,
इस फैशन की कृपा से, सड़क मुफ्त झड़ जाए।

प्र०–मैं जिससे बोलता भी नहीं, वह मुझसे बातें करना क्यों चाहती है?

उ०–ऊपर चुप, भीतर ललचाए,
मन-मन भाए, मूँड हिलाए।

प्र०–प्रेम और श्रद्धा में अंतर बताइए काका?

उ०–वृद्धावस्था से जुड़ी, प्रेम-प्रेमिका भाय,
अनुभव करके देख लो, अंतर दिया बताय।

प्र०–जीवन फूल है तो मृत्यु?

उ०–फूल झड़ गए डाल से, डाल हो गई नष्ट,
मृत्यु उड़ा कर ले गई, दूर हुए सब कष्ट।

प्र०–इश्तहार और पोस्टरों में हसीनाओं के चित्र क्यों छापे जाते हैं?

उ०–नर मोहित लखि नारि-स्वरूपा,
मोहि न पुरुष, पुरुष के रूपा।

प्र०–दूर रहकर करीब आ जाओ, बुलाता है गरीब आ जाओ?

उ०–मिल रहा प्यार जब अमीरों से,
बात वह क्यों करे गरीबों से।

प्र०–आप से तथा काकीजी से मुलाकात कहाँ हो सकती है?

उ०–चले आइए हाथरस, मुलाकात हो जाय,
हाथ मिलाते ही रहें, चहे रात हो जाय।

**प्र०–चाँद पर धब्बों ने खींच रक्खा है खाका,
उससे सुंदरियों की उपमा क्यों देते हो काका?**

उ०–किसी सुंदरी के निकल आई माता,
तो क्या उससे माता का जोड़ोगे नाता?

प्र०–शमा और परवाने का रिश्ता टूट जाए तो क्या होगा?

उ०–परवानों को रूप के, लोभी जानो आप,
शमा बुझी मुँह फेरकर, उड़ जाते चुपचाप।

प्र०–पोस्टकार्ड पर ही प्रश्न क्यों मँगाते हैं; लिफाफे पर क्यों नहीं?

उ०–पोस्टकार्ड सस्ता पड़े, लेंय मजूर हजूर,
अधिक खर्च पाठक करें, हमें नहीं मंजूर।

प्र०–काकाजी, प्रेम करना अपराध है क्या?

उ०–प्रेमी सेक्सी प्रेम में, हो जाते मदहोश,
शुद्ध सात्विक प्रेम को, कहते हैं निर्दोष।

प्र०– मैं पड़ोस की एक सुंदर लड़की से प्रेम करता हूँ, लेकिन बात करने की हिम्मत नहीं होती?

उ०–मन में तेरे खोट है, बेटा चुप्पाराम,
ऐसे गूँगे प्यार से, नहीं बने कुछ काम।

प्र०–हाथ देने पर बस व टैक्सी रुक जाती है तो राह चलती लड़कियाँ क्यों नहीं रुकतीं?

उ०–बस में कंडक्टर रहे, टैक्सी में ड्राइवर्र,
चलें अकेली लड़कियाँ, लगता उनको डर्र।

प्र०–बिल्ला और रंगा को फाँसी हो गई इससे लड़कियों को क्या सबक़ मिला?

उ०–चाकू अपने पर्स में, रखो सर्वदा साथ,
कभी 'लिफ़्ट' के वास्ते, नहीं दिखाना हाथ।

प्र०–लड़कियाँ जब आपस में लड़ती हैं तो एक दूसरे की चोटी खींचने लगती हैं, इसका लड़कों पर क्या प्रभाव होता है?

उ०–लड़कियों के लड़ने की आदत है खोटी,
इसलिए लड़के नहीं रखते हैं चोटी।

प्र०–काकाजी, सुना है लड़कपन में कभी आपने कोयला घिसकर अपने मुखड़े पर मला था?

उ०–गोरी लड़की छेड़ती, करती हमको तंग,
उससे बचने के लिए, बदला मुँह का रंग।

प्र०–आजकल के लड़के और लड़कियों में फ़र्क़ क्यों नहीं मालूम होता है?

उ०–लड़की बाल कटा रही, न्यू फैशन की चाल,
लड़के ब्लाउज पहनते, रखते लंबे बाल।

प्र०–कुछ लड़कियाँ ऊँची एड़ी के सैंडिल पहन साड़ी नीची लटकाकर फोटो क्यों खिंचवाती हैं?

उ०–छोटे कद की लड़कियाँ, अपनाती यह राह,
लंबे कद के युवक से, तय हो जाय विवाह।

प्र०–इंसान के लिए मनोरंजन आवश्यक है क्या?

उ०–मौज-मनोरंजन बिना के, चेहरा बने विचित्र,
कविताएँ भी इसलिए पढ़ते हैं सब मित्र।

प्र०–क्या आप काकी को भी कभी अपनी कविताएँ सुनाते हैं?

उ०–झुंझलाहट के चक्र में, जब काकी फँस जाए,
तब हम अपनी फुलझड़ी, छोड़ें वह हँस जाए।

प्र०–काकाजी, सुना है कि आप हास्य से संन्यास ले रहे हैं, क्या यह सच है?

उ०–मुरारजी की आयु है, अब सत्तासी वर्ष,
वे भाषण नहिं छोड़ते, हम क्यों छोड़ें हर्ष।

प्र०–इतना चटपटा हास्य आप कौन-सी दवा खाकर लिखते हैं काका?

उ०–सौंठ, पापड़ी पकौड़ी, दहीबड़े की चाट,
काकी हमको खिलाती, हास्य रहे हम बाँट।

प्र०–आप हनीमून मनाने कहाँ गए थे काका?

उ०–खिली 'मून' की चाँदनी, गए छत्त पर लेट,
'हनी' साथ में ले गए, स्वाद मिला भर पेट।

प्र०–आम को खाकर गुठली क्यों फेंक देते हैं?

उ०–दबा-दबाकर आम को, चूस लीजिए आप,
फिर गुठली को भून का चबा जाओ चुपचाप।

प्र०–आप हास्य के कारतूस छोड़ने को बंदूक कहाँ से लाते हैं?

उ०–हास्य-व्यंग्य के काव्य से, भरी रहे संदूक,
कारतूस हम पर रहें, काकी पर बंदूक।

प्र०–दिन के बाद रात, तो मुहब्बत के बाद?

उ०–ज़िद दोनों की अड़ गई, और पड़ गई फूट,
तू-तू मैं-मैं बढ़ गई, गई मुहब्बत छूट।

प्र०–भगवान इंसान से और इंसान किस्मत से खेलता है तो किस्मत?

उ०–लगा दिया भगवान ने, माया का जंजाल,
किस्मत खेले कर्म से फल मिलता तत्काल।

प्र०–सिगरेट और माशूका में क्या फर्क है?

उ०–मुँह से पी सिगरेट को, फकफक धुआँ उड़ायँ,
माशूका को आँख से आशिक जी पी जायँ।

प्र0–सफल होता दाढ़ी से कविता का गाना,
इक बाल हमको भी कर दो रवाना।
उ०–सरस्वती की कृपा से प्राप्त हुआ 'इकबाल',
वह कैसे दे दें तुम्हें, व्यर्थ बजाओ गाल।

प्र०–जो कुछ सूझती है, नई सूझती है,
मैं रोता हूँ उनको हँसी सूझती है।
उ०–हँसो औ' हँसाओ ये सुख का संदेशा,
जो रोते हैं, रोते रहेंगे हमेशा।

प्र०–गृहस्थी में तनाव का कारण क्या होता है?

उ०–घरवालों पर लादते, अनुचित धौंस दबाव,
प्रेम भावना नष्ट हो, दिन-दिन बढ़े तनाव।

प्र०–यदि प्रेमिका बेवफा निकल जाए तो क्या करना चाहिए?

उ०–बेवफ़ाई में सबक, कुछ प्रेमिका से सीखिए,
बावफ़ा बनकर वफ़ा का बदला उसको दीजिए।

प्र०–काका जी आप कौन-से वकील के पास पढ़े थे?

उ०–प्रोफेसर या मास्टर छात्रों को पढ़ाते हैं,
वकील तो अक्कल से मुवक्किल लड़ाते हैं।

प्र०–पत्नी की आखिरी तमन्ना क्या होती है?
उ०–पतिव्रता पत्नी सदा, गाती है यह राग,
जब तक जीऊँ तब तलक, जीवित रहे सुहाग।

प्र०–चांदनी रात कब अच्छी लगती है?
उ०–खुली छत्त पर सेज हो, महबूबा हो साथ,
शरद चंद्र की पूर्णिमा, बने स्वर्ग की रात।

प्र०–आपकी काकी की उम्र कितनी है काका?
उ०–उम्र बताएँगे तभी, करिए प्रश्न सम्हार,
काकी है वह आपकी, पत्नी प्रिया हमार।

प्र०–घरवाली श्रृंगार का सामान मँगाती है। मैं लाकर नहीं दे सकता क्या करूँ?
उ०–फूल बाग से तोड़कर, हार करो तैयार,
डालो उसके गले में, मुफ़्त होय श्रृंगार।

प्र०–मेरे पास एक महाशय आते हैं। घंटे-भर बोर करते हैं। कोई उपाय बताइए?
उ०–पत्नी को सिखलाइए, कुछ न कीजिए आप,
बेलन-झाड़ू दिखा दे भाग जाएँ चुपचाप।

प्र०–इंसान पैदा होने पर खुद रोता है, मरने पर दूसरों को रुलाता है। ऐसा क्यों?
उ०–सभी रुलाएँ मृत्यु पर, है यह ग़लत ख़याल,
बूढ़े बाबा मरे तब, बजे शंख-घड़ियाल।

प्र०–जवानी में शायरी से प्यार क्यों होता है?
उ०–युवक-युवतियों में रहे, जोश-खरोश उमंग,
काव्य-शायरी ज़िंदगी में भर देती रंग।

गोष्ठी-बारह

आज की गोष्ठी में हम अपनी कुछ ऐसी रचनाएँ सुनाएँगे जो पिछली किसी गोष्ठी में नहीं सुनाईं।

'ठीक है काका जी, सबसे पहले यह बता दीजिए कि आपको किसी से डर भी लगता है क्या, यदि लगता है तो किससे?'

डर का ड्रामा

चूहा, बिल्ली, छिपकली, कुत्ते करें सलाम,
पूँछ पकड़कर फेंक दें, डरने का क्या काम।
डरने का क्या काम, शेर को भी ललकारा,
पढ़ी वीररस की कविता, भागा बेचारा।
न तो गैस से डरें, नहीं चूल्हे-चाकी से,
डर लगता है काका को, अपनी काकी से।

अथवा डरते रेल में, यात्रा करते वक़्त,
चैन खिंचे गाड़ी रुके, भय लगता है सख़्त।
भय लगता है सख़्त, घुसे डिब्बे में डाकू,
मुँह को कर दें बंद, रखें छाती पर चाकू।
पुलिस सो रही फ़र्स्टक्लास में, कौन जगाए,
पूरी स्लीपर कोच, लूट करके ले जाए।

न्यूट्रॉन-बम

काकी जी कहने लगीं, सुबह-सुबह झकझोर,
'न्यूट्रन बम क्या बला है, शोर मचा चहुँ ओर।
शोर मचा चहुँ ओर, तथ्य उनको समझाया,
गोरों ने इक ऐसा ज़ालिम अस्त्र बनाया।
मानव-दानव बचें, न कोई बच्ची-बच्चा,
शून्य विश्व पर राज करें अमरीकन चच्चा।

बोगस फिल्म-कंपनी

धंधा मंदा हो रहा, जमे न कोई रंग,
घरवाली टें-टें करे, महँगाई से तंग।
महँगाई से तंग, कला का गला दबाओ,
विज्ञापन की चोट मारकर नोट कमाओ।
कर्म-धर्म-ईमान छोड़, मिस्टर धमधूसर,
इल्मी हो या न हो, बनो फिल्मी प्रोड्यूसर।

फ़र्ज़ी अर्ज़ी मारकर, दाबो ऐसा फ़्लैट,
चम-चम चमकें कुर्सियाँ, टेबिल सोफ़ासैट।
टेबिल, सोफ़ासैट, आधुनिक मजनूँ लैला,
'इंटरव्यू' देने को आएँ, छैली-छैला।
फ़ीस झपटकर, नाम रजिस्टर कर लो सारे,
आशावादी डोरी में, लटकें बेचारे।

पिक्चर साइन हो गई, मचा रहे थे शोर,
ज़ीरो जी हीरो बने, नाच उठा मन-मोर।

नाच उठा मन मोर, डेट शूटिंग की आई,
दफ़्तर ख़ाली, भाग गए प्रोड्यूसर भाई।
निकली बोगस फ़िल्म-कंपनी, धक्के खाए,
नोट गँवाए, लौट के बुद्धू घर को आए।

दही और दीवाली

मम्मी, कल हमारी क्लास का स्वीटू दही से रोटी खा रहा था।'

'तो क्या हुआ, खाने दो उसे।'

'मम्मी, आज दिवाली है–हम भी...'

'नहीं बेटे, हम नहीं ख़रीद सकते दही।'

'क्यूँ?'

'एक रुपए का दही एक चम्मच-भर आएगा कौन-कौन खाएगा? फिर तुम भाई बहिन लड़ोगे आपस में।'

'नहीं माँ, हम नहीं लड़ेंगे, सब एक-एक अंगुली डुबोकर चाट लेंगे!'

'देखो मुन्ने, दही-दूध, मक्खन खाने से शक्ल के साथ-साथ अक्ल भी मोटी हो जाती है और जब ऐसा इंसान हो जाता है बलवान तो नोट बटोरकर बन जाता है नेता; फिर वही नेता, किसी ऊँची कुर्सी पर बैठकर ज़रूरत से ज़्यादा ऊँचा बोलने लगता है तो जानते हो– क्या होता है?'

'क्या मम्मी?'

'भारत माता' उसे कुर्सी से धकेल देती है, इसलिए दही को भूल जाओ। चटनी से रोटी खाओ। बड़े लोग कह गए हैं–

दूध-मलाई-दही पर मत ललचाये जी,
रूखी-सूखी खाइके, ठंडा पानी पी।

लक्ष्मी बनाम गृहलक्ष्मी

दीपावलि की दीप्ति में, 'काका' माँगें खैर,
लक्ष्मी-गृहलक्ष्मी खड़ीं, किसके लागें पैर।
किसके लागें पैर, हाथ में पूजन-थाली,
टेढ़ी भृकुटी किए, दिखीं 'काकी' घरवाली।
लक्ष्मीजी पर, पुष्प चढ़ाकर पिंड छुड़ाया,
गृहलक्ष्मी को शीश नवाकर थाल थमाया।

अपने घर की क्या कहें, जग की देखी रीति,
प्यार किए पीछे हटें, भय बिन होय न प्रीति।

भय बिन होय न प्रीति, अचल है लक्ष्मी मैया,
मुन्ने की माँ सचल, पिता की डगमग नैया।
इसीलिए काकी से 'काका' डरते ऐसे,
इंद्राजी से मुख्यमंत्री डरते जैसे।

मन चंगा तो बाल्टी में गंगा

मम्मी गंगाजी गई, पापाजी के संग,
बच्चे रोते रह गए, शांति हो गई भंग।
शांति हो गई भंग, रात नहिं सोया कोई,
सबसे ज़्यादा, छोटी मुन्नी 'कोको' रोई।
काकी ने टॉफी देकर बच्ची बहलाई,
अधिक देर तक यह औषधि भी काम न आई।

'काका' को तब यकायक, सूझा एक उपाय,
बाल्टी में पानी भरा, कोको दई बिठाय।
कोको दई बिठाय, हुआ ठंडा हुड़दंगा,
मन चंगा तो इसी बाल्टी में है गंगा।
पुन्ना भैया बोला—हम तो तब मानेंगे,
इस गंगा में मम्मी को भी, दिखला देंगे।

ऐतिहासिक 'बाबूजी'

अमर रहें इतिहास में, श्री जगजीवन राम,
जहाँ-जहाँ पहुँचे प्रभो, सफल हुए सब काम।
सफल हुए सब काम, जानते यात्री भाई,
रेलमंत्री रहे, न कोई रेल लड़ाई।

रक्षामंत्री पद पाया, तब चढ़ी जवानी,
डाल गए हथियार हज़ारों पाकिस्तानी।

फिर कृषिमंत्री बन गए, नहीं बात यह झूठ,
हरे हो गए उन दिनों, रूखे-सूखे ठूँठ।
रूखे-सूखे ठूँठ, बदल काँग्रेसी काया,
जनता पार्टी में आए, मंत्रीपद पाया।
पार्टी टूटी, कुर्सी छूटी, क्यों पछताओ?
काँग्रेस (आई) में आकर हाथ मिलाओ।

डाक्टर

डाक्टर बोले, प्रभु करें ऐसी कुछ तजवीज,
अस्पताल में भीड़ हो, क्यू में लगें मरीज।
क्यू में लगें मरीज, वायु में होय प्रदूषण,
रोगों के कीटाणु, नित्यप्रति करें आक्रमण।
औषधि खाकर रोगी आत्मिक लाभ उठाएँ,
मर्ज रहे न मरीज, स्वर्ग को सीधे जाएँ।

वकील

वकील करते प्रार्थना, कलम चले सरपट्ट,
भाई-भाई में चलें, चाकू-गोली-लट्ठ।
चाकू-गोली-लट्ठ, मुवक्किल भागे आएँ,
उनकी पाकिट मेरी पाकिट में आ जाएँ।
केस लड़ें वर्षों तक, कोई टरे न टारे,
हारे सो मर जाय, और जीते सो हारे।

दादा पत्रकार

पत्रकार दादा बने, देखो उनके ठाठ,
कागज़ का कोटा झपट, करें एक के आठ।
करें एक के आठ, चल रही आपाधापी,
दस हज़ार बतलायँ, छपें ढाई सौ कॉपी।
विज्ञापन दे दो तो जय-जयकार कराएँ,
मना करो तो उल्टी-सीधी न्यूज छपाएँ।

अब छोटे प्रश्नों के उत्तर लीजिए, वाह-वाह कीजिए–

प्र०–मेरी प्रेमिका मुझे छोड़कर चली गई है, दिल उदास है।

उ०–गुलशन में नई कलियाँ, रोज़ाना खिल रही हैं,
बासी को रो रहे क्यों; जब ताज़ा मिल रही हैं।

प्र०–काकी के सौंदर्य का बयान कीजिए।

उ०–मोती-जैसे दाँत हैं, मुखमंडल ज्यों इंदु,
आँख लड़ी तो हो गया, हमें 'मोतियाबिंदु'।

प्र०–मर्द और औरत में दग़ाबाज़ कौन होता है?

उ०–एक पक्ष का नाम ही, काका कवि क्यों लेयँ,
कुछ प्रेमी, कुछ प्रेमिका, धोखा दोनों देयँ।

प्र०–वह कौन-सी चीज है, जो है तो सही, पर दिखाई नहीं देती?

उ०–दिखलाई देती नहीं, होती रहती प्राप्त,
उसको कहते हैं हवा, दसों दिशा में व्याप्त।

प्र०–स्वर्गीय जगजीवन राम कुछ समय चुप क्यों रहे?

उ०–उनका यह सिद्धांत था, कम बोलो श्रीमान,
जब गद्दी मिल जाय तब, कर हरिजन कल्याण।

प्र०–'प्यार किया तो डरना क्या'–फिर भी कुछ लोग डरते क्यों हैं?

उ०–'नंबर दो' के प्यार में, डरते हैं दिलदार,
बीच सड़क पर कीजिए, खुल्लम-खुल्ला प्यार।

प्र०–मेरे प्यार का उपहास क्यों होता है, काका?

उ०–प्यार ग़लत है आपका, ऐसा मालुम होय,
वरना सच्चे प्यार की, हँसी उड़ाए कोय?

प्र०–मुहब्बत करने से क्या प्राप्त होता है?

उ०–स्वारथ वाले प्यार में, नहीं मिला कुछ सार,
धोखा, बदनामी मिली, या पाई फटकार।

प्र०–काकाजी, यदि आप लड़की होते तो मैं आपसे ही शादी करता।

उ०–कहते हम फटकार कर, पकड़ो अपनी राह,
ऐसे भौंदूराम से नहीं, करेंगे ब्याह।

प्र०–अगर दोस्ती के बीच में कोई दीवार आ जाए तो?

उ०–प्रेम-पंथ के बीच में, आ जाए दीवार,
रहम करो मत, फाड़ दो, मिलकर दोनों यार।

प्र०–हमने तो उसको दिल दिया, महबूबा समझकर,
वह काट करके खा गई, खरबूजा समझकर।

उ०–तुम खाना चाहते थे जिसे, पूआ समझकर,
अब उसके पैर पूजो, बड़ी बूआ समझकर।

प्र०–काकाजी, आपको दुनिया वालों ने क्या दिया?

उ०–हमने बाँटा हास्यरस, हुई उदासी दूर,
इसके बदले में मिली, वाह-वाह भरपूर।

प्र०–घर का त्याग कब करना चाहिए?

उ०–धंधे चौपट होंय सब, निबट जाए धन-माल,
अपने घर को त्यागकर, चले जाउ ससुराल।

प्र०–लड़की समझती अधिक है, बोलती कम है, ऐसा क्यों?

उ०–बोल इकट्ठे कर रही, देख रही है राह,
अधिक बोलना पड़ेगा, जब हो जाय विवाह।

प्र०–औरतें अपना फालतू समय कैसे व्यतीत करती हैं?

उ०–कैसी तेरी ननदिया, कैसी मेरी सास,
निंदा-आलोचना में, टाइम करतीं पास।

प्र०–आदमी 'पाजामा' कब कहलाता है?

उ०–ऊपर से पहन करके, इंसानियत का जामा,
कर जाए हज़्म कर्ज़ा, समझो उसे पजामा।

प्र०–काका के कारतूसों पर छापा पड़ जाए तो?

उ०–जब डालने को छापा, पापा पुलिस के आएँ,
स्टॉक खाली पाएँ, झक मार लौट जाएँ।

प्र०–झूठ-सत्य की परिभाषा करिए काका जी।

उ०–सत्य का करके अनुसंधान, निकाला है हमने यह तथ्य,
बोलिए एक झूठ सौ बार, वही बन जाएगा ध्रुव सत्य।

प्र०–प्रेमी-प्रेमिका छुपकर मिलते हैं, तो दिलों की धड़कन तेज़ क्यों हो जाती है?

उ०–चोरी-चोरी प्रेम में, कुछ भी मजा न आय,
उथल-पुथल दिल में रहे, जाने को आ जाय।

प्र०–लड़कियाँ आहें कब भरती हैं?

उ०–आप आह भरते रहें, उनको क्या परवाह,
खटमल काटें रात को, तब भरतीं वे आह।

प्र०–मैं जिसे प्यार करता हूँ, वह भी मुझे प्यार करती है, लेकिन इकरार नहीं करती।

उ०–यह पोशीदा प्यार का, कर ले वह इकरार,
उस बेचारी से करें, पापाजी तकरार।

प्र०–कुछ लोग कवियों को पागल क्यों कहते हैं?

उ०–झूठी-सच्ची कल्पना, उड़ती हैं जिस वक़्त,
पागलपन इसको कहें, पौंगापंथी भक्त।

प्र०–चोरी, डकैती, लूटमार, चारों ओर हाहाकार, क्या इसी को कहते हैं–कांग्रेस सरकार?

उ०–सारी जनता के लिए, है सुराज्य का गेट,
चोर-लुटेरों को नहीं, भरने दोगे पेट?

प्र०–शादी कहाँ, कैसे घराने में करनी चाहिए?

उ०–उस घर से शादी करो, घर वाले हों नेक,
सुंदर-सुंदर सालियाँ होवें दर्जन एक।

प्र०–लातों के भूत बातों से क्यों नहीं मानते?

उ०–जिनको आदत लात की, कैसे मानें बात,
इमरजैंसी लगा दो, ठीक होयँ हालात।

प्र०–सुना है बुद्धिमान व्यक्ति प्रेम के चक्कर में नहीं पड़ते। आप काकी से क्यों प्रेम करते हैं?

उ०–बचपन से ही लग गया, प्रेम-इश्क़ का रोग,
बुद्धिमान हमको कहें, वे हैं बुद्धू लोग।

प्र०–मैं काम चोर हूँ। आपकी कविताएँ पढ़कर दीवाना भी होता जा रहा हूँ।

उ०–घबराओ मत मित्रवर, थामे रहो लगाम,
दीवाने ही कर सकें, साहस के कुछ काम।

प्र०–आपने काव्य-कला काकीजी को भी सिखाई है या नहीं?

उ०–सीखी-सिखाई आई, हम क्या सिखाएँ उनको,
यदि ज्यादा सीख जाएँ, पूछेगा कौन हमको?

प्र०–भगवान के ध्यान से मुक्ति मिलती है तो पत्नी के ध्यान से?

उ०–मोक्ष-मुक्ति के फेर में, क्यों पड़ता नादान,
चाहे लाइफ़ लौंग तो, कर वाइफ़ का ध्यान।

प्र०–प्रातः उठकर नित्यप्रति मलता हूँ 'कोलगेट'। कब खुलेगा मेरे भाग्य का गेट?

उ०–'कोलगेट' से दमकता, दाँतों का मार्केट,
मंजन मल कर्त्तव्य का, खुले भाग्य का गेट।

प्र०–लड़का पैदा होता है तो खुशी मनाते हैं। लड़की होने पर उदास क्यों होते हैं?

उ०–बेटी जाए सासरे, देना पड़े दहेज,
बेटे की आए बहू, लाए साथ लगेज।

प्र०–लड़कियों का सोलहवाँ साल ही क्यों महत्त्वपूर्ण होता है?
उ०–काका से क्यों पूछते, जानें सभी जनाब,
चढ़े जवानी का नशा, दिखें सुहाने ख्वाब।

प्र०–विवाह करना ठीक है या प्रेम?
उ०–'लव-लैटर' चालू करो, पकड़ प्रेम की राह,
दोनों मतलब सिद्ध हों, कर लो प्रेम-विवाह।

प्र०–कभी-कभी भगवान के मंदिर में अंधेरा हो जाता है?
उ०–बिजली संकट देश में, समदर्शी सरकार,
सब समान उसके लिए, मंदिर घर दरबार।

प्र०–प्यार के रोगी को जोगी कब बनना पड़ता है?
उ०–प्रेम-भवन की सीढ़ियाँ, नहीं कर सके पार,
रँगे वस्त्र, कहते फिरें, झूठा है संसार।

प्र०–काकाजी, आपकी महफिल में आ रहा हूँ। इजाज़त है?
उ०–चले आओ धड़ल्ले से, रुको झिझको न घबराओ,
इजाज़त दे रहे हैं, मिस 'इजाज़त' को भी ले आओ।

प्र०–उनकी अदाएँ देखकर हम, काम से बेकाम हुए,
हाथ कुछ भी न लगा, व्यर्थ ही बदनाम हुए।
उ०–अच्छे रहे, जो बन न सका काम आपका,
बदनाम हुए तो भी हुआ नाम आपका।

प्र०–आजकल की लड़कियाँ किधर जा रही हैं?
उ०–तुम्हें इससे मतलब, किधर जा रही हैं?
कालेज से वे अपने घर जा रही हैं।

प्र०–आधुनिक लड़कियाँ फैशनेबुल लड़कों को ही क्यों पसंद करती हैं?

उ०–सीधे-सादे मूर्ख हैं, क्या जाने छलछंद,
हीरो टाइप चुलबुले, आते उन्हें पसंद।

प्र०–आजकल के कुछ बूढ़े भी रंगीन मिजाज क्यों होते जा रहे हैं?

उ०–सिर्फ़ तुम्हीं ने ले ली है क्या रंगीनी की ठेकेदारी,
कहाँ जाएँ दिल को बहलाने दिल वाले बूढ़े नर-नारी।

प्र०–हाथ में खुजली हो तो पैसा मिलता है, यदि सिर में खुजली हो तो?

उ०–पैर खुजाए यात्रा, हाथ खुजाए माल,
सिर खुजलाए जानिए, मार पड़े तत्काल।

प्र०–नशे में धुत्त आदमी, अक्ल की बात कब करता है?

उ०–पड़ जाएँ जब गाल पर, दो झापड़ मजबूत,
अक्ल ठीक हो जाएगी, उड़े नशे का भूत!

प्र०–पान, बर्फ़ और संतरा के स्त्रीलिंग बताइए?

उ०–'ई' की मात्रा लगाकर, मजा लेउ चुपचाप,
पानी, बर्फ़ी, संतरी, बने आप ही आप।

प्र०–काका जी, आप आयकर देते हैं या नहीं?

उ०–भेज दिया करते सदा, एडवांस में चैक्स,
सब कवियों से अधिक हम देते इनकम टैक्स।

प्र०–इंसान का आदर्श क्या है?

उ०–सुनी-सुनाई छोड़कर, करके देखो गौर,
ऊपर से आदर्श कुछ, भीतर से कुछ और।

**प्र०–आप पिचासी वर्ष के, बाल न हुए सफेद,
हमको बतला दीजिए, क्या है इसका भेद।**

उ०–देंगे हम इस प्रश्न का, उत्तर बहुत नफीस,
बतलाओ क्या मिलेगी, बतलाने की फीस।

प्र०–प्रेमी-प्रेमिका, दोनों में प्रेम-भावना हो, लेकिन आपस में बोले नहीं तो?

उ०–मुँह रहता है बंद तब, आँखें करतीं बात,
इसे कहें 'साइलेंट लव' मिल जाएँ जज़्बात।

प्र०–काकाजी, आप कभी पिटे भी हैं?

उ०–पापा और मम्मी से पिटते थे बचपन में,
एक बार 'काकी' से पिटे थे पचपन में।

हम गुलाम हैं, वे बेग़म

वे सक्षम हैं, हम अक्षम, 'हम खादी हैं, वे रेशम,
सुपरफास्ट वे एक्सप्रेस हैं, हम टूटी फूटी टम-टम,
हम गुलाम हैं वे बेग़म।

सम्मेलन में जाते हैं, नोट वहाँ से लाते हैं,
हाफ़ छुपाएँ पाकिट में, हाफ़ उन्हें बतलाते हैं।
सुबह टटोलें जाकिट जब, खाली मिलती पाकिट तब,
उनके बटुए में पहुँची 'बचत योजना' की इनकम
हम गुलाम हैं, वे बेग़म।

बाबू सूखे सावन हैं, बीबी सदा सुहागन हैं,
कांग्रेस के शासन में, उनका ऊँचा आसन है।
अपनी बोली मंद्र-षड़ज, उनकी वाणी सुर पंचम,
पत्नी सेवक बने रहो, यही धरम है यही करम।
हम गुलाम हैं, वे बेग़म।

हुकम चिड़ी के दफ़्तर में, जब बेग़म का आता है,
बादशाह की हस्ती क्या, इक्का तक घबराता है,
जब तक रहे देह में दम, पिओ सांत्वना खाओ ग़म,
चुल्लू भर में डूब मरो, जब अपने पर आय शरम,
हम गुलाम हैं वे बेग़म।

इधर बुढ़ापे की नाइट, उन पर यौवन की लाइट,
काका का मटमैला रंग, काकी जी ब्राइट व्हाइट,
अपने हाथ खुरदरे हैं, उनकी उँगली नरम-नरम,
इधर रोटियाँ सूखी-सी, उधर कचौड़ी गरम-गरम।
हम गुलाम हैं वे बेग़म।

मेरे अँगने में...

मेरे अँगने में तुम्हारा क्या काम है,
तोड़ी जिसने पार्टी, वो नेता बदनाम है।

जिसका पापा उल्लू, उसका भी बड़ा नाम है,
मम्मी को बिठा दो, लक्ष्मी का क्या काम है।

जिसका जीजा मंत्री, उसका भी बड़ा नाम है,
शासन में घुस जाओ, सर्विस का क्या काम है।

जिसका साला बुद्धू, उसका भी बड़ा नाम है,
नोटों से जिता दो, वोटों का क्या काम है।

जिसका भाई नाई, उसका भी बड़ा नाम है,
'आई' में मिला लो, कटिंग का क्या काम है।

जिसकी प्रेयसि सुंदर, उसका भी बड़ा नाम है,
कविता सिखा दो, कवित्री का क्या काम है।

जिसका लड़का कवि है, उसका भी बड़ा नाम है,
रखले बेटे दाढ़ी, 'काका' का क्या काम है।

जिस घर जन्मा बच्चा, उसका भी बड़ा नाम है,
'बच्चन' को नचा दो, हिजड़े का क्या काम है।